AF576854

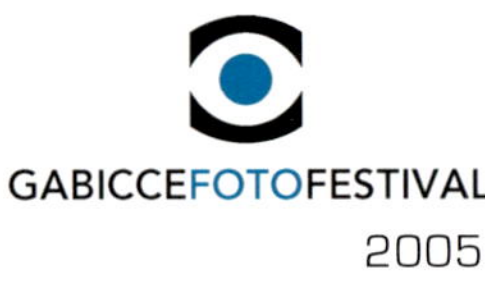


Organizzato da

Comune di Gabicce Mare

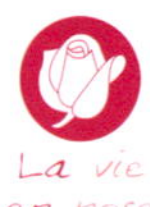


La vie en rose di WWT/IT

Con il patrocinio di

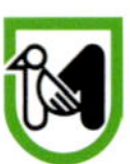

Regione Marche

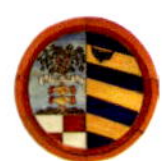

Provincia di Pesaro e Urbino

Hanno collaborato

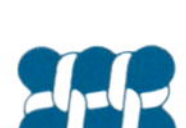
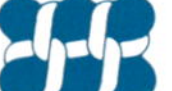

CCIAA di Pesaro e Urbino

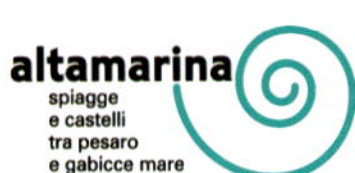


STL ALTAMARINA

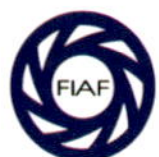


FIAF
*Federazione Italiana*
*Associazioni Fotografiche*

Stampato su carta
Magno Satin 200gr
distribuito da

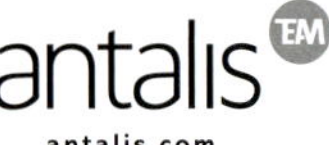


# EDENFLOWERS

**DAMIANI © 2005**
Via Zanardi, 376
40131 Bologna - Italy
Tel: +39 051 6350805
Fax: +39 051 6347188
www.damianieditore.it
info@damianieditore.it

Text by / Testo di
*Adriano Baccilieri*

Translation / Traduzione
*Emily Burfoot*

Lay out / Progetto grafico
*Antonella Minzoni by Publimago*

Digital scans / Scansioni digitali
*Image & Colour*



Thanks to / Grazie a
*Silvia e Andrea Albertini*
*Emanuele Carnaroli*
*Veronica Francesconi*
*Barbara Hitchcock*

Special thanks to / Un ringraziamento particolare a
*Sandra Mazza*
*Marco e Roberta di*

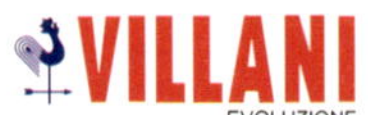


*The works are available at*

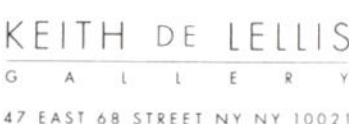


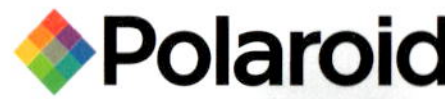

1985-2005

# EDENFLOWERS

NINO MIGLIORI

DAMIANI

## PAST AND PRESENT

Our present, and above all our future , is found in our past – in the sense that we can look towards tomorrow only by keeping in mind our traditions which form the strongest bonds as well as a deep love for this territory. Nino Migliori's book, a wonderful achivement of the Gabicce Foto Festival, means just this. It's a homage which the town wishes to pay to this extraordinary artist/photographer and at the same time a magnificent gift from Migliori to Gabicce. *EdenFlowers* with it's photos tells immaginary stories and creates fantastic scenarios. It also tells something about ourselves; EdenRock was one of the flowers of our touristic history It's this same history that we must once again become patrons so as to look to the future of Gabicce with same intensity and creativity with which Migliori scrutinised through the view finder of his camera lens.
Only in this way will Gabicce have the capacity to grow new flowers.

*Corrado Curti*
*Mayor of Gabicce Mare*

## PHOTOGRAPHY. FROM IMAGE TO REALITY

The ability to innovate, to experiment, to explore new ways and solutions: these are the characteristics of Nino Migliori that I appreciate most, together with the will to involve the person who observes his images, to let him enter into his world, to share the passion for photography and above all the emotions his works can give.
In this wonderful volume as well, the image is the protagonist in all its forms and shades, in a whirling of colours, of dreams and sensations, as if its desire is to reach the soul of the person who turns over the pages of the book.
For the Province of Pesaro and Urbino it's an honour that a photographer of world-wide renown like Nino Migliori is present with a book and a one-man show at Gabicce Foto Festival, as well as being very meaningful that many pages of the volume evoke aspects of our territory, rich in suggestions and poetry. The flowers are the protagonists, the green is the protagonist. A message we share and I hope will be more and more understood, so that our territory may become a real paradise immersed in the green.

*Palmiro Ucchielli*
*President of the Province of Pesaro and Urbino*

## EVENT'S POETRY

The idea of committing to Nino Migliori the photographer the first exhibition of Gabicce Foto Festival was certainly the most enlightened choice which we could make.
This Master from Bologna is not only a great internationally renowned and highly appreciated artist but is a person of profound humanity and affability, gifted with the genious of turning the most difficult of tasks into child's play resulting in works of great beauty. His precious advice and brilliant ideas during the preparation of the Gabicce Foto Festival laid the foundations for future events in the coming years.
Migliori's exhibition, which was prepared specifically for the Festival in Gabicce, is a gift to the town in the form of a colourful bridge, enchantingly joining up art and nature, paradise and reality in a mythical setting. EDEN ROCK will live forever in the memories of those who lived the "roaring years" of the tourist boom on the Riviera Gabicce therefore has the privilege of being elected the town which hosts such a great artist and would seem to be an ideal setting for his works, with the explosion of yellow brooms in the National Park at San Bartolo, the gently sloping hills which give way to the bright blue of the Adriatic Sea combined with the amazing floral metamorphoses of Migliori's photos – an iridescent fusion of colour in a never-ending story. Movement and harmony of places and things which are a delight to the eye. All the necessary ingredients to create dreams.
For all that Nino Migliori has donated us with, for his creativity and artistic sensitivity, the bewitching charm unfolded in the pages of this book, our gratitude towards this man is immense.
For me, the organiser of the Festival, meeting an artist such as Nino Migliori has been an experience which made a complex job a pleasure to carry out and enriched it with poetry.

*Vincenzo Ricci*
*Festival Organiser*

PASSATO E PRESENTE

Il nostro presente, e soprattutto il nostro futuro, è nel nostro passato. Nel senso che possiamo guardare al domani solo tenendo conto delle tradizioni che costituiscono il legame più forte e anche l'amore per questo territorio.
Il libro di Nino Migliori, splendido coronamento del Gabicce Foto Festival, significa anche questo. E' un omaggio che la città rende a questo straordinario artista/fotografo ma è anche un grande regalo di Migliori per Gabicce.
*EdenFlowers* racconta con le sue fotografie scenari immaginari. Ma racconta anche qualcosa di noi: l'EdenRock è stato uno dei fiori della nostra storia turistica. E' di questa storia che dobbiamo riappropriarci per guardare al futuro di Gabicce con la stessa intensità e la stessa creatività con cui Migliori guarda attraverso il mirino del suo obiettivo.
Solo cosÌ Gabicce potrà far crescere nuovi "fiori" nel suo giardino.

*Corrado Curti*
*Sindaco di Gabicce Mare*

FOTOGRAFIA: DALL'IMMAGINE ALLA REALTA'

La capacità di innovare, di sperimentare, di esplorare sempre nuove strade e soluzioni: sono queste le caratteristiche di Nino Migliori che apprezzo di più, insieme alla volontà di coinvolgere chi osserva le sue immagini, di farlo entrare nel suo mondo, per condividere la passione per la fotografia e soprattutto le emozioni che le sue opere sanno regalare.
Anche in questo bel volume l'immagine è protagonista in tutte le sue forme e sfumature, in un turbinio di colori, di sogni e di sensazioni, come se volesse arrivare all'anima di chi lo sfoglia.
Per la Provincia di Pesaro e Urbino è un onore che un fotografo di fama internazionale come Migliori sia presente con un libro e una mostra personale al Gabicce Foto Festival, così come è significativo che molte pagine del volume richiamino aspetti del nostro territorio, ricchi di suggestione e di poesia. I fiori protagonisti, il verde protagonista. Un messaggio che condividiamo e che mi auguro possa essere sempre più compreso, affinché il nostro territorio diventi un vero paradiso immerso nel verde.

*Palmiro Ucchielli*
*Presidente della Provincia di Pesaro e Urbino*

POESIA DELL'EVENTO

L'idea di affidare al fotografo Nino Migliori la prima mostra del Gabicce Foto Festival è stata certamente la scelta più illuminata che si potesse fare.
Il maestro bolognese, infatti, non è soltanto quel grande artista di fama mondiale da tutti riconosciuto e apprezzato, ma è soprattutto una persona di profonda umanità e affabilità, un uomo che con la sua genialità sa rendere facili e belle le cose più complicate e difficili. Suoi sono stati preziosi e generosi consigli per la realizzazione del Gabicce Foto Festival e sue numerose e brillanti idee suggeriteci per le manifestazioni dei prossimi anni.
La mostra fotografica di Migliori, allestita in occasione del Gabicce Foto Festival, si offre alla città come un arco di colore che unisce per incanto arte e natura, mondo paradisiaco e realtà, tutto questo nello scenario mitico dell'EDENROCK, da sempre presente nella memoria di chi ha vissuto gli anni ruggenti del turismo della riviera.
Gabicce viene così eletta ad ospite privilegiata di un grande artista e sembra essere la sede ideale delle sue opere: da un lato la gialla esplosione di ginestre che illumina il Parco naturale del San Bartolo, le verdi sinuosità delle colline dolci, l'azzurro vivace dell'Adriatico; dall'altro le stupefacenti metamorfosi floreali delle fotografie di Nino Migliori, l'iridescente plasmarsi del colore in una storia che non ha mai fine.
Affinità e sintonia di luoghi e oggetti che dilettano lo sguardo.
C'è tutto quello che occorre per iniziare a sognare, subito.
Per tutto questo siamo molto grati a Nino Migliori, alla sua creatività e sensibilità artistica, alla magia continua che le pagine di questo libro raccontano.
Per me, pragmatico organizzatore, l'incontro con l'artista Nino Migliori è stata un'esperienza che ha piacevolmente impreziosito e arricchito di poesia il nostro complicato lavoro.

*Vincenzo Ricci*
*Curatore del Festival*

# FLORAL "ELSEWHERE"

*Adriano Baccilieri*

...*"it deals methodically with the nature of different living beings, considered as a whole, according to our present knowledge or according to the potential use we can make of it."*

from a Natural History code, XIXth century edition

The original meaning was "countryside" - eden - in ancient Hebrew, then "pleasure, delight" as intended in the Holy Scriptures, the place where an earthly paradise was known as "The Garden of Eden". An enchanting place in a profane extension and metaphorically intended as an ecstatic state of being, a joyful interior state.
Nino Migliori attempts again the myth of that ecstasy (ek-stasis: coming out of oneself to achieve an emotion or a state of stupor of the mind) by means of the evocation of that floral "countryside", full of multiform and fascinating presences, at EdenRock, garden of "pagan delights" of a recent past once again "in flower" thanks to the artist's installation.
Nino Migliori is one of the most genial and versatile authors of the last half of the 20th century; he is consigned to a "frontier research" as Philippe Daverio rightly stated, a "never-ending search" as indicated by the title of the latest edition - May 2005 - amongst the many published, beautiful and prestigious for their contents, for the important authors who have documented and criticized the works and activity of Nino Migliori.
As the unreachable fantasist that he is, Nino Migliori perfectly interprets the statute of photography to its extremes and to the same extent he betrays it with his overwhelming love of experimenation. For this reason, that title could easily represent a paradigmatic caption of Nino Migliori's entire work plan from his beginnings right up to today. "The never-ending search" spans from the totality of his work to every single part, be it aesthetic or methodological, nurturing the multiple courses which his works, parallel yet sometimes interfering each with the other, to form a knowledgeable and inexhaustive inter-winding of *tèkne* and *pòiesis*.

Nino Migliori, an artist who is also a photographer. This may seem paradoxical when speaking about one of the most renowned authors of our time. The paradox, however, is relative when one considers that Migliori's works alternate between "straight" photographic images captured using the regular techniques of a camera lens and "transferred" images obtained *off camera* by means of a combination of the most diversified, unimaginable technical, material and chemical contamination. Often, these are just "remains", entities which together with time, intended as an extension (with all kinds of narrations, evocations, metamorphoses, implied transfigurations), form a couple of constant vectors - sometimes explicit, sometimes hidden, never absent - in the artist' s research.

# ALTROVE FLOREALE

*Adriano Baccilieri*

> *...dove "si tratta metodicamente dei differenti esseri*
> *della natura, considerati o in loro stessi,*
> *secondo lo stato attuale delle nostre cognizioni,*
> *o relativamente all'utilità che ne può risultare"*
>
> da un codice di storia naturale, edizione ottocentesca

In origine significò 'campagna' - eden - nel suono dell'ebraico antico, poi anche 'piacere, delizia'; e s'intende perché il luogo dove s'immaginava il paradiso terrestre fosse ricordato dalle sacre scritture quale 'giardino di Eden'. Un luogo incantevole, in estensione più profana; e, sotto metafora, anche uno stato d'animo estatico, un felice eden interiore.
Nino Migliori ritenta quell'estasi (ek-stasis: uscire da sé per emozione o stato di stupore della mente) attraverso l'evocazione del paesaggio floreale di quel luogo del mito, per riconsegnarne le presenze, multiformi ed ammalianti, ad un luogo (diversamente) mitico di un passato recente, lui pure giardino di 'delizie pagane', qual è stato l'EdenRock, oggi 'rifiorito' - è proprio il caso di dirlo - anche grazie all'installazione-impianto in ambiente ordinata dall'artista.
Uno fra i più geniali e versatili che si possano annoverare fra le fila della ricerca creativa del secondo Novecento; autore consegnato ad una 'ricerca di frontiera', come sostiene a ragione Philippe Daverio; una 'ricerca infinita' come indica il titolo della più recente pubblicazione - maggio 2005 - fra le tante belle e prestigiose per contenuto, autori ed architettura di volume che hanno documentato l'attività e l'opera di Nino Migliori.
Da inarrivabile fantasista, Migliori ha interpretato alla perfezione e all'estremo lo statuto della fotografia, e in pari misura l'ha tradito, per incoercibile voluttà di sperimentazione. Per tale motivo, quel titolo potrebbe figurare quale didascalia paradigmatica dell'intero piano d'opera di Migliori, dagli esordi ad oggi. 'La ricerca infinita' si estende infatti dalla totalità del lavoro ad ogni sua singola parte, estetica o metodologica che sia, alimentando le molteplici corsie operative dell'artista, parallele ma talora anche interferenti le une con le altre, in un intreccio sapiente ed inesausto di tèkne e pòiesis.

Nino Migliori, artista, è 'anche' un fotografo. Certo può sembrare un paradosso, detto di un autore riconosciuto fra i più importanti del nostro tempo. Ma il paradosso è relativo se si considera che nell'opera di Migliori si alternano immagini fotografiche testuali, colte con tecnica canonica dall'obiettivo di una semplice camera, ad immagini fotografiche traslate, ottenute *off* camera per contaminazione combinatoria di tecniche, materiali e agenti fra i più diversi ed impensabili. Spesso solo 'resti', entità che, insieme al tempo inteso come estensione (con ogni idea di narrazione, evocazione, metamorfosi, trasfigurazione implicata) forma una coppia di vettori costanti - talora espliciti, talora occultati, mai assenti - nella ricerca dell'artista.

Just to give an idea of the complex experimental articulation, and its "abstract" outcome, (Migliori practised and refined it during the course of his neo-realistic season from the end of the 1940s to the end of the 1950s and has proceeded up to now) we can refer to the pure citation of his *off camera* techniques (all *off* or in part) which even in their titles are highly suggestive: *pyrograms, cliché-verre, photograms, pin-holegrams, oxidations, inside-outside, cellograms, hydrograms, lightgrams, collages* and others.
As well as *polapressure*, the procedure adopted by the artist for the realization of the cycle *Edenflowers*, a work produced using a mixture of techniques, both *on* and *off* camera, one could say referring to the working apparatus used by Migliori.
We haven't yet touched on the working merits, the single titles or topical cycles (not to mention the wonderful published material which documents the work of Migliori, who is behind the ideas and suggestion of voluminous architecture, each time reflecting the architecture of each relative exhibition) but what has been said so far is enough to elevate Migliori above any restrictive definitions and the title "vision architect" which Denis Curti proposes for him sounds bright. Within and beyond the boundaries of photography, Nino Migliori is first and foremost an artist, voted to an image based on a plastic-pictorial and chromatic-sign-luministic concept which, in few words, brings him to a more pictorial rather than photographic creative dimension. It is sufficient to remember for example various happy creations amongst the "sign-gesture" years from the 1940s to the 1950s (above all *oxidations* and *pyrograms*) and the outcome of the *Carte ossidate*,1996, or among the "instants" faces and places of the late 1990s and the spectacular *Transfigurations* between the passing of the millenium, almost a picturesque taste, a liquid and fluent writing conjuring up Gardi then De Pisis and Schifano. However, Migliori remains a renowned master of photography or visual art through his photography. He is also a master of "photographic painting" and can well be seen in his *Edenflowers*.
An intriguing short circuit to be used by each one according to his personal taste.
Thanks to his polyedric, manifold, overwhelming creativity we can share Colombo's opinion when he states that Migliori's works " have no comparison within the boundaries of world photography and they they can only be understood if read – as in the case of *oxidations* and *pyrograms* – within the most advanced part of the European Informale– from Wols to Tàpies to Burri, with effects that are often ahead of even the most well known pictorial works. In fact Migliori is one of the few operators of our country along with Veronesi, Grignani, Munari and a few others who proceed with avant-gard research." Similarly, Roberto Mutti in his essay published in the catalogue "The never-ending search" proposes further artistic-cultural references which recall Vedova, Tancredi and Rotella as well as Dada and surrealistic suggestions.

It's a paradox that the paradox we spoke of in the beginning doesn't exist. The author himself defuses it in a clear formulation which is conceptual and worth mentioning. In fact the conceptual side is another vector, a hyper-vector in Migliori's work so deep as to insinuate the hypothesis of an ulterior paradox in the identity of the work itself; if it's true that his work consists in an image, no matter how it is obtained, the image for it's constitution is antithetic as regards the value of the concept. He defuses it when he states that "If we accept the definition of photography as writing with light, considering the fact that I have always aimed at doing something similar to writing, using light, then I can define myself as a photographer. Therefore, whatever deformation of the so called normal photography within the ambit of writing with light and photographic material, I think it is photography in any case (...)." But I think that the artist

Solo per suggerire un'idea della complessa articolazione sperimentale, d'esito 'astratto' dalla realtà, messa a punto e praticata da Migliori già nel corso della sua saliente stagione neorealista, fine anni '40 - '50, e mirabilmente proseguita sin qui, si può ricorrere alla pura citazione delle sue tecniche *off* camera (del tutto *off*, o in parte) capaci di forti suggestioni anche solo nel titolo: *pirogrammi, cliché-verre, fotogrammi, stenopeogrammi, ossidazioni, polarigrammi, inside-outside, cellogrammi, idrogrammi, lucigrammi, collages*, e altro ancora.
Come la *polapressure*, procedimento adottato dall'artista per la realizzazione del ciclo *Edenflowers*, una raccolta prodotta con tecnica mista, insieme *on* e *off* camera, si potrebbe dire riferendola al corredo di Migliori.
Non siamo ancora entrati nel merito dell'opera, singoli titoli o cicli tematici (per non parlare delle bellissime pubblicazioni che documentano il lavoro di Migliori, il quale è pure fine ideatore o suggeritore di architetture di volume, volta a volta riflesso dell'architettura di mostra relativa), ma basta già questo insieme di valenze tecnopoietiche per elevare Migliori al di sopra di definizioni restrittive, e il titolo di 'architetto della visione' proposto per lui da Denis Curti suona pertanto felicemente.
Entro ed oltre i confini canonici della fotografia, Nino Migliori è prima di tutto un artista, sovente votato ad uno spartito plastico-pittorico e cromatico-segnico-luministico dell'immagine, che lo consegna ad una dimensione creativa più pittorica che fotografica, semplificando il concetto. Basti ricordare, a titolo d'esempio e riprova sommaria, varie felici incursioni comprese fra le risoluzioni segnico-gestuali anni '40-'50 (soprattutto *ossidazioni* e *pirogrammi*) e gli esiti delle *carte ossidate*, 1996; fra gli *instants*, volti e luoghi, degli ultimi anni '90 e le spettacolari *trasfigurazioni* a cavaliere del passaggio di millennio, quasi un pittoresco saporoso, liquido e corsivo da far pensare a Guardi, poi De Pisis, poi Schifano. Tuttavia, Migliori resta un maestro riconosciuto della fotografia o dell'arte visiva per tramite fotografico. Ma è pure un maestro della 'pittura fotografica', come ben rivelano anche i suoi *Edenflowers*.
Insomma, un intrigante cortocircuito da gestire ognuno a suo genio.
Per questa sua identità, poliedrica ambivalente reversibile, ma infine una e forte, va pienamente condivisa l'opinione di Colombo, quando afferma che Migliori è davvero autore di "opere che non hanno confronti nel panorama della fotografia mondiale e che sono comprensibili solo se lette - come nel caso di *ossidazioni* e *pirogrammi* - all'interno del versante più avanzato dell'informale europeo, da Wols a Tàpies a Burri, con effetti spesso in anticipo sui più conosciuti esiti pittorici; tanto che Migliori si trova ad essere, con Veronesi, Grignani, Munari e pochissimi altri, uno dei pochi operatori che nel nostro paese prosegue la ricerca delle avanguardie, quelle di Man Ray, Moholy-Nagy, di Schad e Schwitters, sul fronte della riflessione sui linguaggi dell'immagine, con la fotografia come nodo centrale dell'immaginario e della ricerca formale contemporanei". Analogo è il quadro di riferimenti artistico-culturali dettato da Roberto Mutti nel suo testo del catalogo 'La ricerca infinita', citato, con l'aggiunta di ulteriori direttrici che chiamano in causa anche Vedova, Tancredi e Rotella, oltre a suggestioni dada e surrealiste.

In realtà, per paradosso, quel paradosso ricordato in precedenza non esiste. E lo disinnesca l'autore, in una nitida formulazione, concettuale, vale rilevarlo: infatti la valenza concettuale è un altro vettore, anzi un iper-vettore nel lavoro di Migliori, tale da insinuare l'ipotesi di un ulteriore paradosso nell'identità del lavoro stesso, se è vero che la sua opera consiste infine in un'immagine, comunque sia ottenuta, la quale per suo statuto è antitetica rispetto alla valenza del concetto. Lo disinnesca quando afferma: "Se accettiamo la definizione per cui fotografia è

had carried into effect a "shifting " (a perturbating shifting, be it material or mental, is another vector in Migliori's research) also when he worked in the sphere of "regular photography" because his neo-realism, although dictated by the desire to participate in bringing to the memory of all, history, events and documented figures, is rather an ecstatic realism which is not narrated unlike it appears in the iconographic and filmographic aesthetics of that particular historical tendency.
Migliori's is a sort of "magical realism" in harmony with the "detachment" (perturbating shifting) which is found in the visual-emotional cut of the "new objectivity" evident in Germany and Italy in the time lapse between the two world wars. True and impossible, an image which keeps one glued right there to the eternal moment of the diver perfectly stretched in a horizontal position, to the Goyic ghost of the widow from the South, to the dark skinned faces of the children of the delta, to the mute eloquence of a dialogue mimed with the hands, to the transparent shiny magma of mud against the light which appears like one of Burri's *crettos* slidden into the suburbs in Bologna.
That same city which appears in a bird's eye view photo, "Bologna 1958", cut by the setting sun which stretches the houses, things, people and vehicles in the wake of their shadow, taken by Migliori in an "objective way" yet totally distorted, so abstract in his implacable reality to prelude to the "light-shadow" compositions in black and white, threshold painting Sergio Romiti gave vibrant tragic voice.
Migliori's neo-realistic album can be infinitely leafed through, but we have to stop here so as not to force the theme. You can take a look through "Segni" a recent splendid edition with text by Philippe Daverio who says about these works "great and silent works of art, silent visual narration which is above all the story of Migliori's personal curiosity", a gift the artist possesses and shares with "men of Italy who don't care of the golden section but who instinctively never mistake proportions", A sharp intuition that also recovers cultural aspects of history, how can we not agree with Daverio?
*On* and *off*, parallel and symbiosis, sometimes contaminated, Nino Migliori is a photographer who works with "mind-material" , one could say with a pun, and couples his own magic and chemistry *ars combinatoria* in the manipulation of material, photographic and not, to the aesthetic and conceptual principle of photography intended as "writing with light".
A theme is opened here and it arouses a suspicion; could it be that Migliori's versatility is an elegant way of getting out of the ambiguity of photography? Out of "that great misunderstanding which has the right to ambiguity "? To say it in the same way as an intelligent insinuation by Daverio?
Photography is a bastard, illegitimate daughter of painting and therefore nobody's, lover of everything, loved by everybody, often unreachable, true and false and therefore misunderstood, treacherous yet faithful but only to itself, and sometimes not even that. Bastard photography, it's worth a thought.

Let's go back to EdenRock. The occasion was provoking and Migliori, as far as artistic provocation, made and received, follows Oscar Wilde: he can resist everything except temptation, even though "tempting" flowers may still be highly risky. How dear to artists is this genre – and therefore obsolete for the many interpretations, documented by the history of visual arts – known world wide. From the vegetable compositions of the Flemish specialist of XVIth century to the awarded nobility conferred to the floral genre by Caravaggio, from the great season of

scrittura con la luce, e considerando che ho sempre cercato di fare qualcosa di simile alla scrittura, usando la luce, allora posso definirmi un fotografo. Quindi, qualunque deformazione della fotografia cosiddetta normale, sempre nell'ambito della scrittura con la luce e i materiali della fotografia, credo sia comunque fotografia [...]".
Ma uno 'spostamento' ('spostamento-spiazzamento', sia materiale che mentale, ancora un vettore nella ricerca di Migliori) l'artista l'aveva a mio avviso attuato anche nell'ambito della fotografia 'canonica' perché il suo neorealismo, pur dettato dalla volontà partecipe di rimettere alla memoria altrui storia, eventi e figure documentate, è piuttosto un realismo estatico che non narrato, quale appare nella estetica visuale, iconografica e filmografica, di quella tendenza storica.
E' una sorta di 'realismo magico', quello di Migliori, in sintonia con il 'distacco' (spostamento-spiazzamento) che si coglie nel taglio visivo-emozionale della 'nuova oggettività', tedesca ed italiana, fra le due guerre. Vera ed impossibile, l'immagine t'inchioda lì, all'istante eterno del tuffatore in perfetta estensione orizzontale, al fantasma goyesco della vedova del sud, ai volti 'extracomunitari' dei bimbi del delta, alla muta eloquenza di un dialogo mimato dalle mani, al magma traslucido della fanghiglia in controluce che sembra già un cretto di Burri slittato in periferia, a Bologna.
Quella stessa città che appare in una foto dall'alto, 'Bologna, 1958', tagliata dal sole del tramonto che allunga case, cose, persone e veicoli nella scia della loro ombra, ripresa da Migliori in un'ottica del tutto oggettiva e insieme stravolta; così astratta, nella sua implacabile realtà, da preludere alle 'composizioni' luce-ombra, in bianco e nero, della pittura liminare alla quale ha dato voce vibrante di lirismo tragico un grande artista quale Sergio Romiti.
L'album neorealista di Migliori potrebbe essere sfogliato all'infinito; ma occorre arrestarci qui, per non costringere il nostro tema. E si può rinviarne la visione a 'Segni', splendida recente edizione in tema, con testo di Philippe Daverio, il quale chiosa quelle immagini come "capolavori silenti d'una narrazione visiva che è, prima di tutto, il racconto della propria curiosità"; dote che appartiene, se bene interpretata come accade all'occhio di Migliori, a "uomini d'Italia, quelli che poco gliene importa della sezione aurea ma che per istinto non sbagliano una proporzione". Felice intuizione proiettata a recuperare anche valenze culturali della storia; come non essere d'accordo con Daverio?

Nino Migliori, quale fotografo *on* e *off* camera, in parallelo o in simbiosi, talora in contaminazione, è un fotografo che opera 'material-mente', si potrebbe dire con un gioco linguistico che coniuga la sua magica ed alchemica *ars combinatoria* nella manipolazione dei materiali, fotografici e non, al principio estetico e concettuale della fotografia intesa come 'scrittura di luce'. Si apre un tema e 'sorge un sospetto': non sarà la mirabile polivalenza di Migliori un modo elegante per sottrarsi all'ambiguità della fotografia? A quel "grande equivoco che ha diritto d'ambiguità" per dirla mediando in sunto un'intelligente insinuazione di Daverio.
La fotografia è bastarda: figlia misconosciuta della pittura, perciò di nessuno; amante di tutto, amata da tutti, ma spesso inattingibile; veritiera e mendace, perciò incompresa-fraintesa; infida eppur fedele, ma solo a se stessa; e talora nemmeno. Fotografia bastarda, si potrà ripensarci.

Torniamo all'eden-EdenRock. L'occasione era provocante, e Migliori, quanto a provocazioni artistiche, fatte e ricevute, ricalca Oscar Wilde: a tutto sa resistere, tranne che alle tentazioni; pur

still life of XVIIth and XVIIIth century to the flowing divine musical visions of Monet's nymphs; these are only few examples referred to flowers and to the art of representing them.
Saturated as we are by culture or at least visual information, today it is difficult to "invent", it is easier to "interpret". Especially so in the case of an inventor such as Migliori who faces a theme which has often been invented and reinvented. The provocation was high but Migliori's answer is consonant.
The artist knew the risks but it was intriguing to make his floral debut at the EdenRock.
*Edenflowers* reflects its title, a series of images of plants and flowers "reinvented" by Migliori using his *polapressure* technique, developed in 1984. It consists in intervening on Polaroid images during development with spatulas, pointed objects, rough surfaces. This manipulation influences both the chromatism and the composition of the image itself.
Altering the colour range (in the case of the *Edenflowers* means de-naturing it), marking a contour, cancelling a detail, making rough what is smooth or vice versa , means annulling the reality, the truth and the immediateness of the Polaroid system. It means making not only an iconographical transformation (from the mere subject, conceived as a *pre-text* it doesn't matter it is a flower or something else, to the final image) but also a mediatic transformation since in the contaminated developing process, the technical support ( Polaroid film) is transformed.
Through the emotion of senses, captured by the astonishing emerging of shapes and colours, scents and hues, and the conceptual satisfaction in the alchemic transformation, Migliori reveals once again the dual way of his research: a charming and brilliant image capturing the glance is inevitably connected with the subtle, refined mind that conceived it.
The *polapressure* is the ideal transcription method to evoke or re-create a legendary place, a fanciful and phantasmagorical dimension similar to the floral landscape of the Earthly Paradise.
The title and the theme also create a cycle, one of the many among the artistic projects of Nino Migliori, who follows the constant of developing diachronically every theme he undertakes into progressive renewals .
In theme of "nature", *Edenflowers* can be associated with *Natura morta*,1977, vegetables and fruit slightly perceived, as they were in captivity, under the shining transparent film of cellophane, in the lined up little trays on the stands in supermarkets. Moreover beyond the botanic ectoplasms of some *Carte ossidate*,1996, or the presences of the vegetation of *Natura/Snatura*, 2005, appearing from transparent wax.
The analogy is yet only iconographical, because the sense of hibernation which emanates from those works is the opposite of the bright vitality of *edenflowers* in germination.
It was a cycle unpublished so far, as if it was waiting to reveal itself in an ideal and provocative place. Remaking its germination from one Eden to another: from the exotic aromas of a remote origin, to the fragrance of a breeze evoked by distant summer nights which continue "inside".

Beyond image; beyond form and figure; finally beyond matter, when matter attains extreme expressive values, the last threshold of its telling by images; beyond: there where the artist, photographer or painter, it doesn't matter, "touching in this meaning his matter, he simply finds the words to say, because where the language ends, the unspeakable does not begin, but the matter of word" (G. Agamben).
Matter and word, or matter and image: dialectic and complementary couple that likewise attributes the faculty of *pòiesis*, it's the same whether it is art or literature. The higher it goes, the higher and more ineffable, unfathomable and extreme the threshold of that dialectic, dual

se 'tentare' i fiori, ancora, può essere una tentazione a forte rischio.
Quanto sia caro questo genere agli artisti - e perciò obsoleto per le molteplici interpretazioni intervenute, documentate dalla storia delle arti visive - è universalmente noto. Dai repertori di composizioni vegetali degli specialisti fiamminghi del Cinquecento, alla patente di nobiltà conferita al genere floreale da Caravaggio, dalla gran stagione della natura morta di fiori ed altro vissuta dal genere fra Sei e Settecento, fino alle liquide e sublimi visioni musicali delle ninfee di Monet, per non citare che pochi sommi riferimenti, sul palcoscenico dell'arte i fiori si sono esibiti in prime trionfali e repliche infinite, più o meno felici.
Intrisi come siamo di cultura o quanto meno d'informazione visiva, oggi è difficile 'inventare' in assoluto; più facile 'interpretare'. Lo è, a maggior ragione, per un inventore d'elezione, in unità tecno-poietica, qual è Migliori, qui posto di fronte ad un tema più volte inventato o reinventato. Nel rischio, la qualità della provocazione era alta, ma la risposta di Migliori le corrisponde. L'artista sa bene tutto questo; perciò lo intriga far debuttare il suo eden florele all'EdenRock.
*Edenflowers* - rifletto la scheda di presentazione - raccoglie, nel titolo, una serie d'immagini di piante e fiori 'reinventate' da Migliori con la tecnica della *polapressure*, come detto, sua invenzione tecnica risalente al 1984 e sin qui sviluppata in parallelo ad altre risoluzioni tecnopoietiche. Essa consiste nell'intervenire durante la fase di sviluppo con spatole, oggetti appuntiti, superfici ruvide sull'immagine Polaroid che sta affiorando; questa manipolazione influenza sia il cromatismo (gialli e rossi si fissano per primi, quasi subito) sia la composizione dell'immagine ripresa.
Alterare la gamma cromatica (che vale denaturalizzarla, nel caso degli *edenflowers*), tanto quanto ribadire un contorno, cancellare un particolare, render scabro ciò che è levigato o viceversa, significa così annullare realtà, verità e immediatezza del sistema Polaroid. Significa pertanto compiere una vera e propria trasfigurazione non solo iconografica - dal soggetto ripreso, ma già concepito come pre-testo sia esso fiore o altra cosa, all'immagine svolta - ma anche mediatica, perché nel processo di sviluppo così contaminato anche il supporto tecnico (l'agente sensibile polaroid) risulta trasfigurato.
Fra emozione dei sensi, rapiti dall'affioramento sorprendente (ma voluto e pilotato) di forme e colori, di riflessi e profumi, e compiacimento concettuale nell'alchimia del fare, Migliori rivela ancora quella mirabile via duale che governa gli esiti della sua ricerca; là dove, la seduzione smagliante di un'immagine che rapisce gli occhi non può prescindere dall'ordito diabolicamente raffinato della mente che l'ha concepita; prima dell'occhio, e prima dell'occhio meccanico della camera o di tecnologie sostitutive.
La *polapressure* si rivela così un'ideale tecnica di trascrizione per evocare e ricreare un luogo leggendario, una dimensione fantastica e fantasmagorica qual è quella legata al paesaggio floreale del paradiso terrestre. Titolo e tema individuano inoltre un ciclo, uno fra i tanti del piano d'opera di Nino Migliori, il quale segue la costante di sviluppare diacronicamente ogni suo tema, per riprese progressive.
In tema di 'natura', agli *edenflowers* possono essere associate le *nature morte*, 1977, che la foto di Migliori lasciava scorgere appena, come in prigionia forzata, sotto la lucente pellicola trasparente del cellophane, nelle vaschette allineate sui banchi di verdura dei supermercati. E, ancora, oltre gli ectoplasmi botanici d'alcune *carte ossidate*, 1996, ecco le presenze, affioranti dalla cera trasparente, della vegetazione di *Natura/Snatura*, 2005.
L'analogia è tuttavia solo iconografica, perché il senso d'ibernazione che emana da tali opera è opposto alla vitalità rutilante degli *edenflowers* in germinazione.

conjugation is, and the conjugated verb (verb = word), or the "fancied" figure.
Here, in the case of Migliori, that couple is exemplarily moulded by the changing matter of sensitive agent during the *polapressure* process and by contextual flower transfiguration, which passes from its single botanical identity to the "other", charming, and at the same time aggressive, appearance of the *edenflower*, alien in lost paradises.
The artist seems to endeavour to catalogue it, in the sweetly obsessing insistence of the (almost always) square format of his images; emblematically "square", cm. 100x100, as it was a rational protocol form used to confine the fascination of new apparitions, not to fall in the eddy provoked by the mixtilinear and "informal" coils of this shining flowering, not to be under the arcane spell of the flowering, found again in the garden of delights.
These are sensations that attract us along with the artist. And his intention to keep a detached outlook, suitable for a scientist researcher or for a botanist composer of codes, at the beginning it involves us, a guaranteed intention as it is by the intervention methodology chosen. But the intention is soon betrayed, when Migliori takes his bearings (and orients us) just beyond the square border (a symbolic form of reason) of his formats, in the magma of the image, where the reason melts into emotion and amazement, where there's nothing else but ecstasy.
"Esprit de géometrie" and "esprit de finesse" : the first aims to catch the rationality of rules, the second is vowed to intuition which suggests invention and discovery. In his text for Migliori Roberto Mutti is right when he remembers how the French philosopher Blaise Pascal recognized both of them necessary to the figure of the scientist. The artist's ecstasy, Migliori's, comes from that point, from that dialectic and complementary couple of divine faculties.

Besides that, nothing is better than a flower as emblem and term of ecstasy.
The *edenflowers* offer themselves to our eyes and our senses as they were archetypal figures delivered to the indecipherable and indistinct border which connect image and matter, in a time before time.
Soaked harmonies of *Fields* and *Green* which transmute from substance to essence and vice versa; short-lived and charming being of *Bouganvilles, Daisies, Cyclamens, Roses, Gerania, Red berries, Paulonia, Oleanders*, primigenial perfections where, for a short time but intensely, phenomenon and noumenon, earthly and celestial mingle in one dimension, in an arcane and wonderful metamorphosis which reflects that romantic "enchantment" where "beauty is the divine shade of a flower" (G. Prati).
Images of flower "beyond" the flower; matter "beyond" the image; essence "beyond" the matter. From the work, from Nino Migliori's anthology ("selection of flowers") emerges in the complementary dialectic couple matter-image, the indefinite and otherwise recognized identity of the flower "beyond" the flower. "Other" identity ,"autre" flowers; archetype recovered and differently defined into image and figure by the *polapressures* of *Edenflowers*.
Nino Migliori "descended to hell" of delights garden to immerse himself in a floral "elsewhere", where arrogant and wanton anthuriums attract him, provocative dragon-trees show themselves off, lustful callas and orchids offer themselves, between rolled snares of agaves and explosive eruptions of blazing cactus.
The XVIth century Spanish mystc and poet Juan de la Cruz, famous for the high quality of his mystical assessments wrote the following passage deeply appreciated by the theorist of "art autre" Michel Tapié: "In order to go to an unknown place you must follow an unknown path",
Migliori's "autre" *edenflowers,* "autre" intended as "beyond" (beyond the identity of flowers,

Tema, quest'ultimo, a tutt'oggi inedito, quasi fosse rimasto in attesa di rivelarsi in una sede ideale ed ammiccante. Replicando la sua germinazione da un eden all'altro: dagli aromi esotici di un primordio remoto, al profumo di brezza evocata da notti d'estate lontane, che continuano 'dentro'.

Oltre l'immagine; oltre forma e figura; oltre la materia, infine, quando la materia attinge valenze espressive estreme, la soglia ultima del suo dire per immagini; oltre: là dove l'artista, fotografo o pittore che sia, "toccando in questo senso la sua materia, trova semplicemente le parole da dire, perché dove finisce il linguaggio, comincia non l'indicibile, ma la materia della parola" (G.Agamben).
Materia e parola, o materia e immagine: coppia dialettica e complementare che, analogamente, si tratti d'arte o letteratura, attribuisce facoltà di poiesis. Tanto più alta, quanto più alta ed ineffabile, insondabile ed estrema è la soglia di quella coniugazione dialettica, duale, e il verbo (verbo=parola) coniugato, o la figura 'immaginata'.
Qui, nel caso di Migliori, quella coppia viene esemplarmente formata dalla materia in mutazione dell'agente sensibile nel processo di *polapressure*, e dalla contestuale trasfigurazione del fiore, che trascorre fra l'immagine delle sue singole identità botaniche, e la comparsa 'altra', seducente ed insieme aggressiva, dell'*edenflower* alieno di paradisi perduti.
L'artista sembra adoprarsi a catalogarlo, nell'insistenza dolcemente ossessiva del formato (quasi sempre) quadrato delle sue immagini; emblematicamente 'quadrato', cm.100X100, come fosse un modulo razionale di protocollo usato per confinare la malia delle nuove apparizioni, per non farsi risucchiare dalle spire mistilinee ed 'informali' di questa rutilante fioritura, per non cedere al fascino arcano della proliferazione ritrovata nel giardino di delizie.
Sono sensazioni che trascinano anche noi, insieme all'artista. E il suo intento di mantenere uno sguardo distaccato, da scienziato ricercatore, da botanico redattore di codici, inizialmente ci coinvolge, garantito com'è dalla metodologia d'intervento adottata. Intento presto tradito però, quando Migliori si (e ci) orienta appena oltre il confine 'quadrato' (forma simbolica della ragione) dei suoi formati, nel magma dell'immagine, dove la ragione si scioglie in emozione e stupore, dove non è che estasi.
'Esprit de géométrie' ed 'esprit de finesse': l'uno volto a cogliere la razionalità delle regole, l'altro votato all'intuizione che detta l'invenzione e la scoperta. A ragione Roberto Mutti, nel suo testo per Migliori, ricorda come il filosofo francese Blaise Pascal li riconoscesse entrambi necessari alla figura dello scienziato.
L'estasi dell'artista, di Migliori, procede da lì, da quella coppia di facoltà sublimi dialettica e complementare.

Niente di meglio che il fiore, d'altronde, quale emblema e termine dell'estasi.
Gli *edenflowers* s'offrono ai nostri occhi e ai nostri sensi come fossero figure-archetipo consegnate al confine indecifrabile ed indistinto che connette immagine e materia, in un tempo prima del tempo. Intrise armonie di *Campi* e *Verde* che trasmutano da sostanza ad essenza, e viceversa; effimero ammaliante di *Bouganville, Margherite, Ciclamini, Rose, Gerani, Paulonie, Oleandri*, primigenie perfezioni dove per poco, ma intensamente, fenomeno e noumeno, terreno e celeste, si confondono in una sola dimensione, in un'arcana e mirabile metamorfosi che riflette quel romantico 'Incantesimo' dove "la bellezza è divina ombra d'un fiore" (G.Prati).
Immagini di fiore 'oltre' il fiore; materia 'oltre' l'immagine; essenza 'oltre' la materia. Dall'opera,

beyond their image, beyond their shape) resemble the state of floral archetypes, and show their primitive potential through signs, mutant cores, wriggled morphologies, polychrome glares and hues, scratches and abrasions engraved on plastic turgidities, on leavening vegetable bodies.
They are emphasized flowers, shining like jewels (here a reference to Migliori as a "goldsmith" and to his *Wearing sculptures*), a transformation from nature to nature "beyond". It is likely that Michel Tapié knew that Rikka (ancient school of VII-XIVth century) specialised in floral compositions had classified flowers into three styles: formal, semi-formal and informal: it is an "autre" terminology *ante litteram* and a stylistic sequence that fits well Migliori's *edenflowers*.
Through the biogenetical alchemy of *polapressure*, like an unforeseeable "clonation", a process of an " alien " and charming vegetable mutation occurs in an indefinable place. Migliori has followed this process and now he reveals and documents it like an astonished scientist excited by his discovery.

" It deals methodically with the nature of different living beings, considered as a whole, according to our present knowledge or according to the potential use we can make of it (...)". So goes a treatise of natural history which Migliori considered as a guide for his work to follow or to evade, on the base of the "critical state" of that knowledge. The work was published in 1824, but it is not important since before and after this date similar works were issued. What is really important is the above-mentioned caption that reflects the conditions and intentions of knowledge common to editors and to everybody. Overlasting intentions such as the desire of a deeper and different knowledge .
That caption seems to belong to the past, the present and the future at the same time. It seems an archaeological text, a prophecy, a coded message back from the future. Just like the *edenflowers*.
Now, everybody can profit by these explanations "according to the potential use each one can make of it".

dall'antologia ('scelta di fiori') di Nino Migliori emerge, nella complementarità dialettica materia-immagine, l'identità sdefinita e altrimenti ri-conosciuta del fiore 'oltre' il fiore. Identità 'altra', fiori 'autre'; archetipo ritrovato e ridefinito in immagine e figura, diversamente, dalle *polapressures* degli *edenflowers.*
Nino Migliori è 'disceso agli inferi' del giardino delle delizie per immergersi in un 'altrove' floreale, dove protervi gli ammiccano impudichi *Anturium*, si esibiscono provocanti *Dracene*, lussuriose si offrono *Calle ed Orchidee*, fra laminate insidie d'*Agavi* ed esplosive eruzioni di *Cactus* fiammeggianti.
"Per andare dove non sai, devi andare per dove non sai", recita il mistico e poeta spagnolo del XVI° secolo Juan de la Cruz, quel Giovanni della Croce ripetutamente citato per la qualità estrema dei suoi affondi mistici, compreso quel passo, proprio dal teorico dell'*art autre*, Michel Tapié. Gli *edenflowers* 'autre' di Migliori, 'oltre' l'identità del fiore, 'oltre' la sua immagine, figura e forma, riattingono lo stato di archetipologia floreale, e manifestano il loro potenziale primigenio in segni e nuclei mutanti, in morfologie divincolate, in riverberi e riflessi policromi, in graffi e abrasioni incise su plastici turgori, su corpi vegetali lievitanti.
Fiori enfatizzati, smaglianti come un gioiello (e qui il pensiero corre alle estrose *wearing sculptures* di Migliori 'orafo'); trasfigurazioni, da natura a natura 'altra'.
Forse anche Michel Tapié sapeva che una storica scuola di composizione floreale (Rikka, VIII°-XIV° secolo) classificava gli insiemi dei fiori secondo gli stili formale, semiformale e informale: davvero una terminologia 'autre' ante litteram e una sequenza stilistica, che ben si attagliano agli *edenflowers* di Migliori e all'affondo compiuto.
Tramite l'alchimia biogenetica delle *polapressure*, e come per clonazione imprevedibile, un processo di mutazione vegetale 'aliena' e ammaliante accade, in un altrove indefinibile. Migliori l'ha seguito sin qui, lo rivela e lo documenta con lo stupore di uno scienziato entrato in fibrillazione per la sua scoperta.

"Si tratta metodicamente dei differenti esseri della natura, considerati o in loro stessi, secondo lo stato attuale delle nostre cognizioni, o relativamente all'utilità che ne può risultare (...)"; così recita un trattato di storia naturale che Migliori ha tenuto sottomano, quasi fosse una guida al suo lavoro da seguire o da eludere, in forza dello stato 'critico' di quelle cognizioni. Per la cronaca, pubblicato nel 1824; ma poco importa, ce ne sono stati altri simili, prima e dopo.
Quel che importa è la didascalia citata, che riflette condizioni ed intenzioni del sapere comuni ai diversi redattori, e comuni a tutti. Intenzioni perenni, senza tempo: la voglia di conoscere, ancora, di più, diversamente.
Sembra remota quella didascalia, e sembra ieri oggi domani. Sembra un testo archeologico, una profezia, o un messaggio in codice tornato dal futuro.
Proprio come gli *edenflowers.*
Ora, ciascuno cerchi pure a suo estro "l'utilità che ne può risultare".

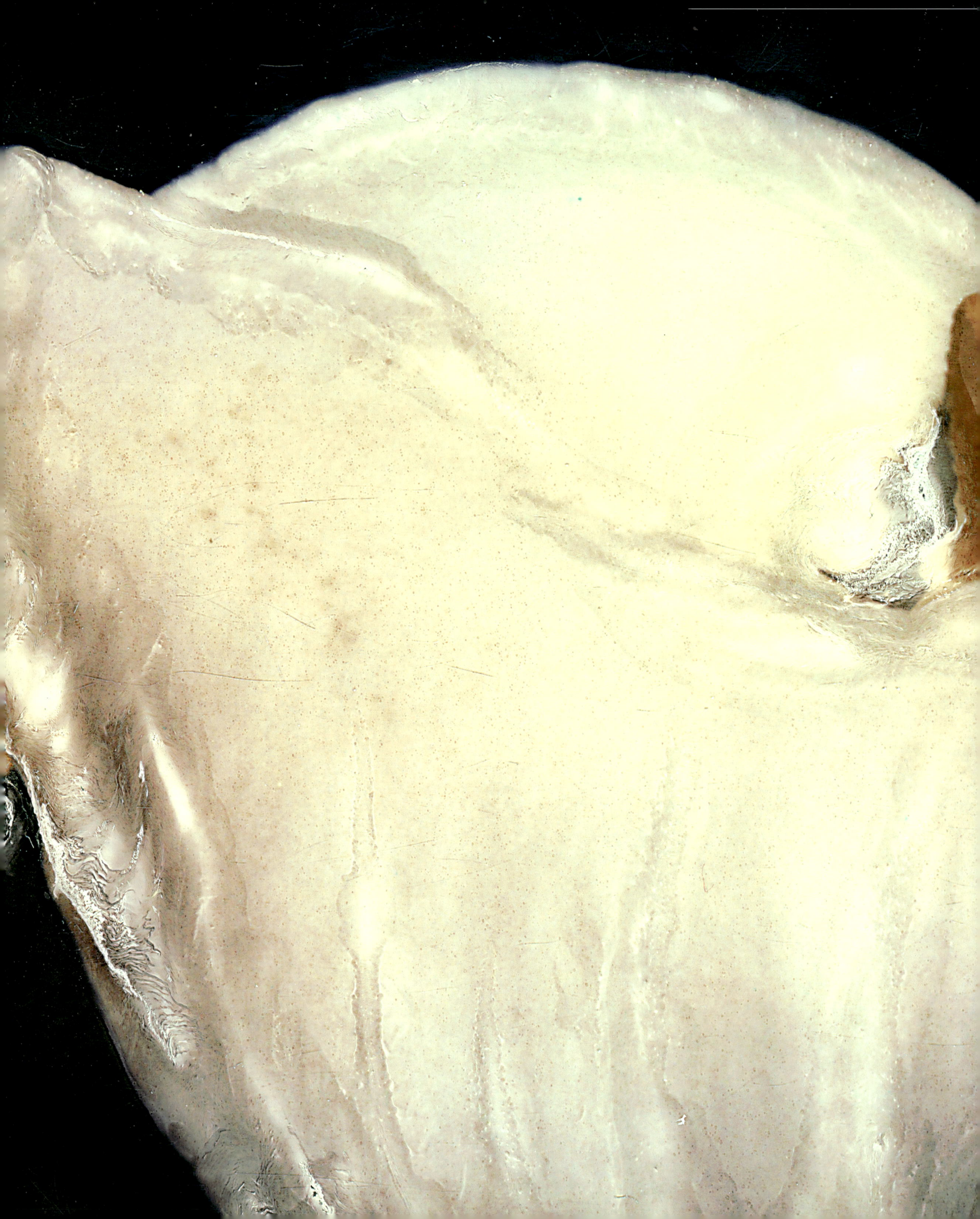

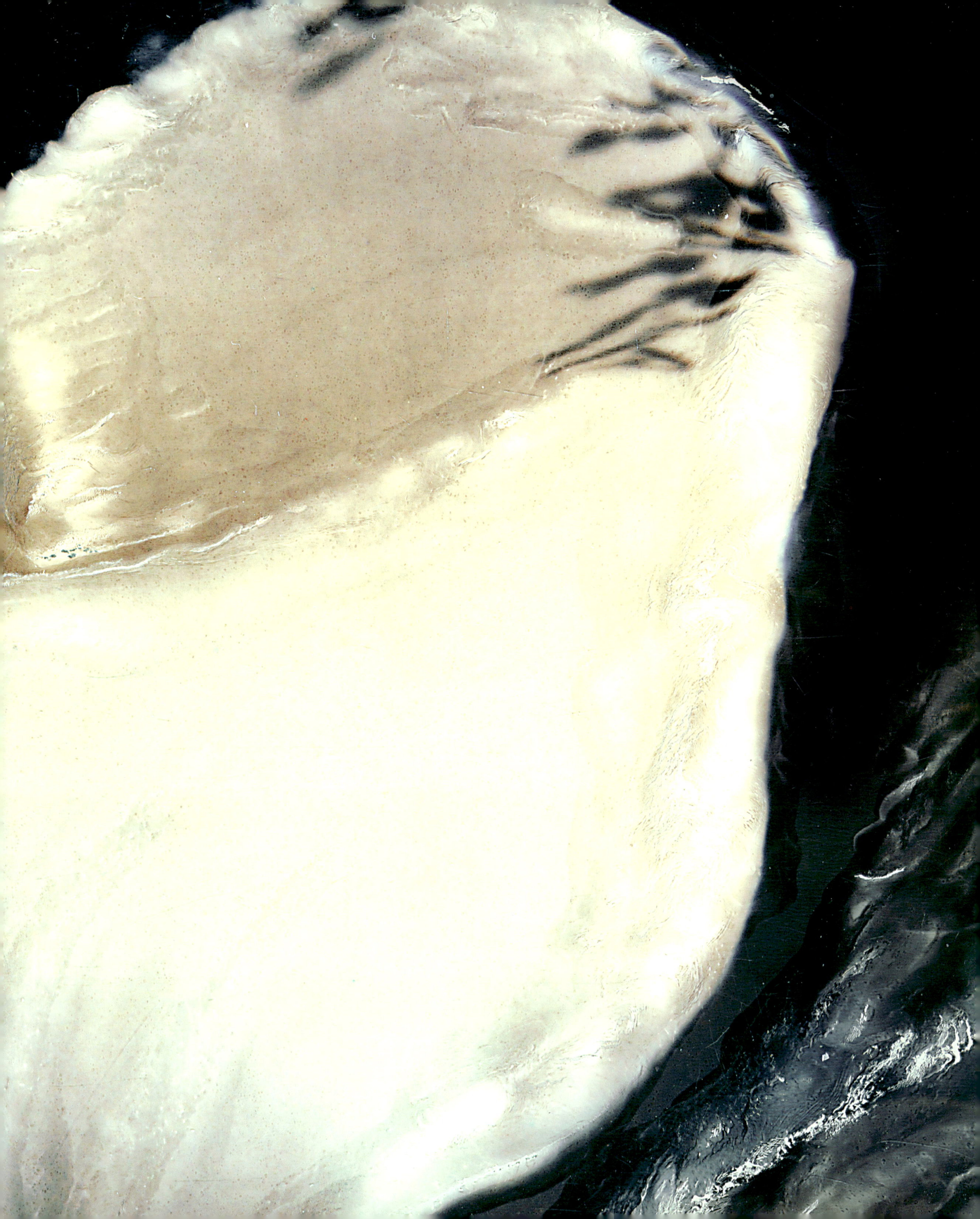

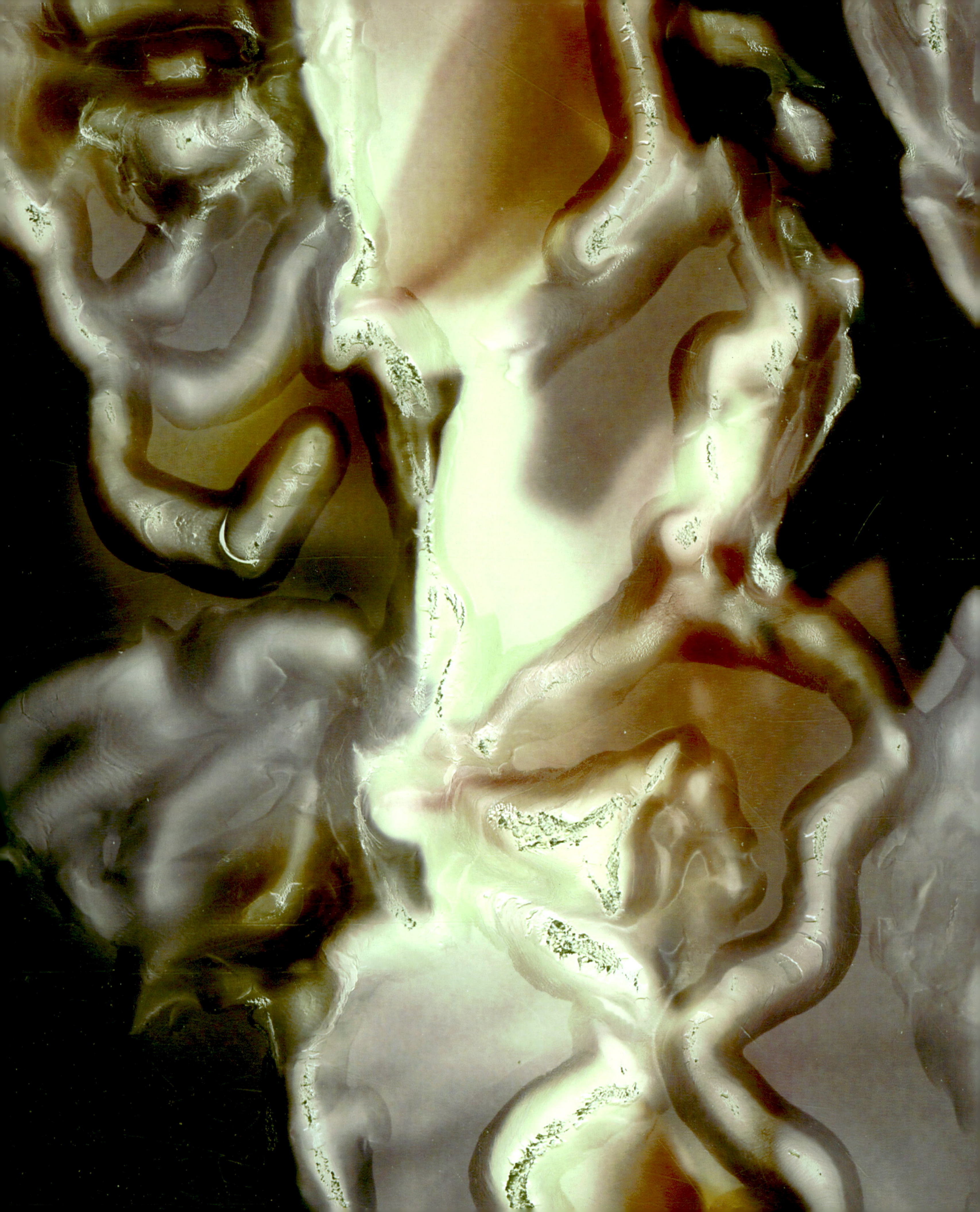

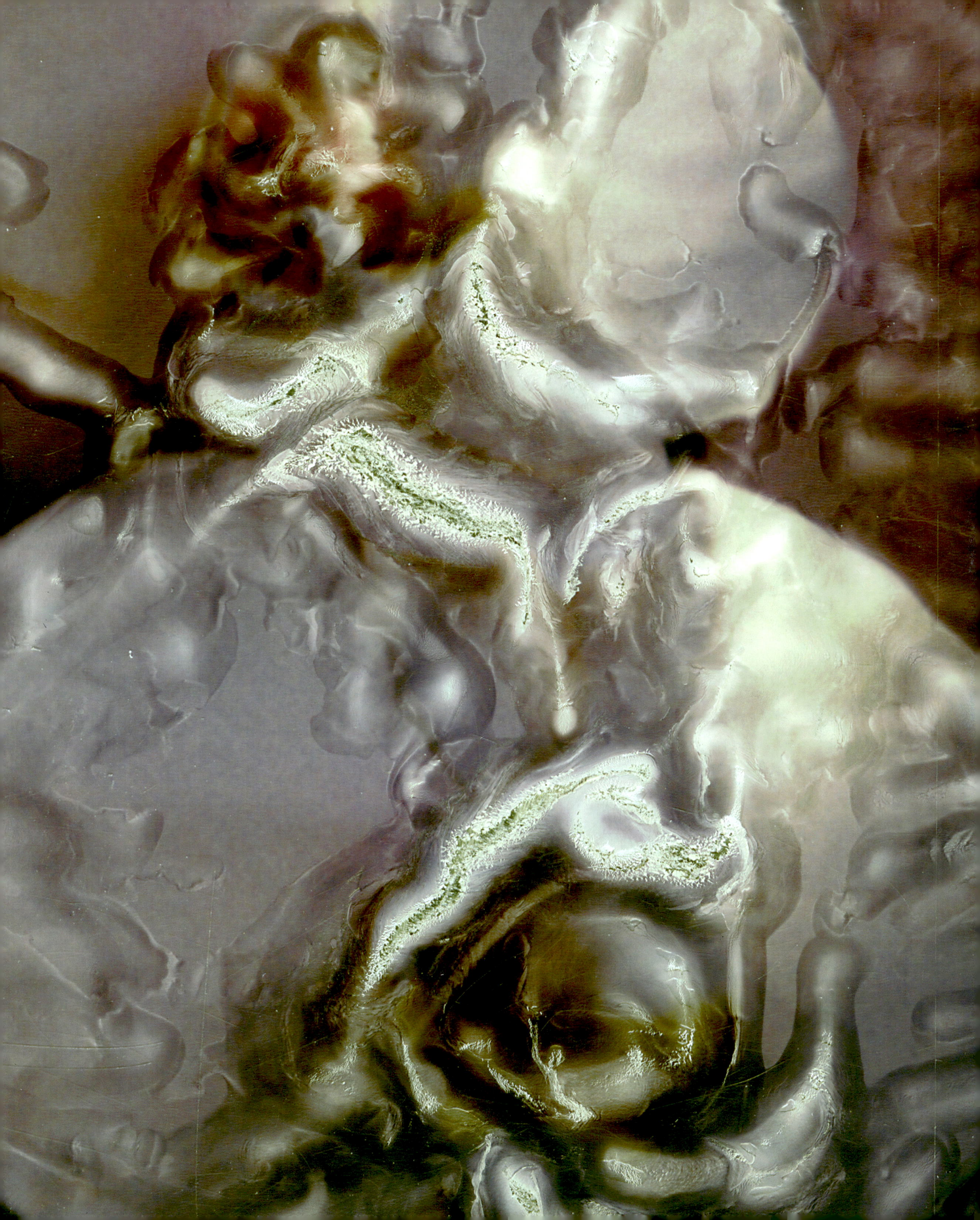

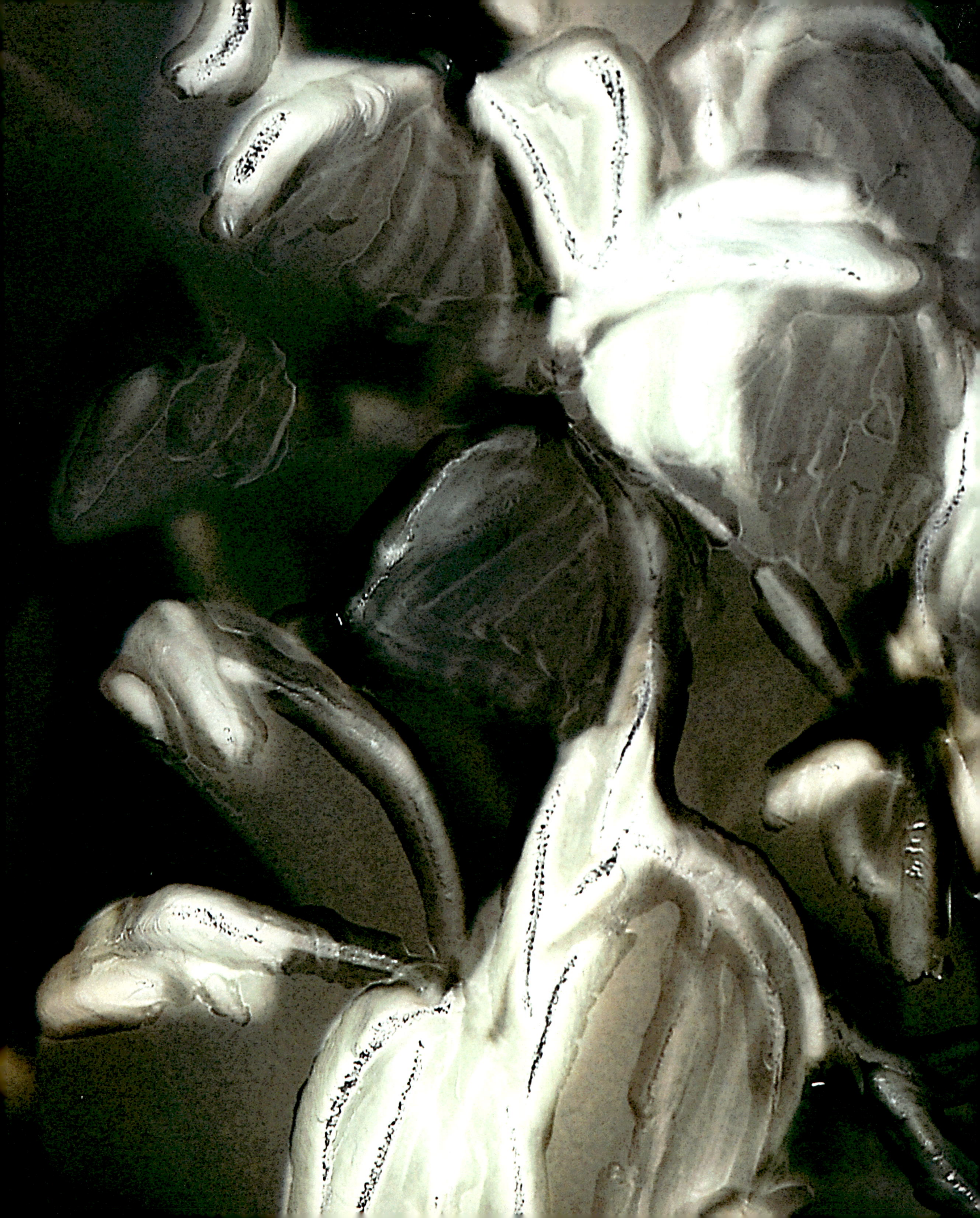

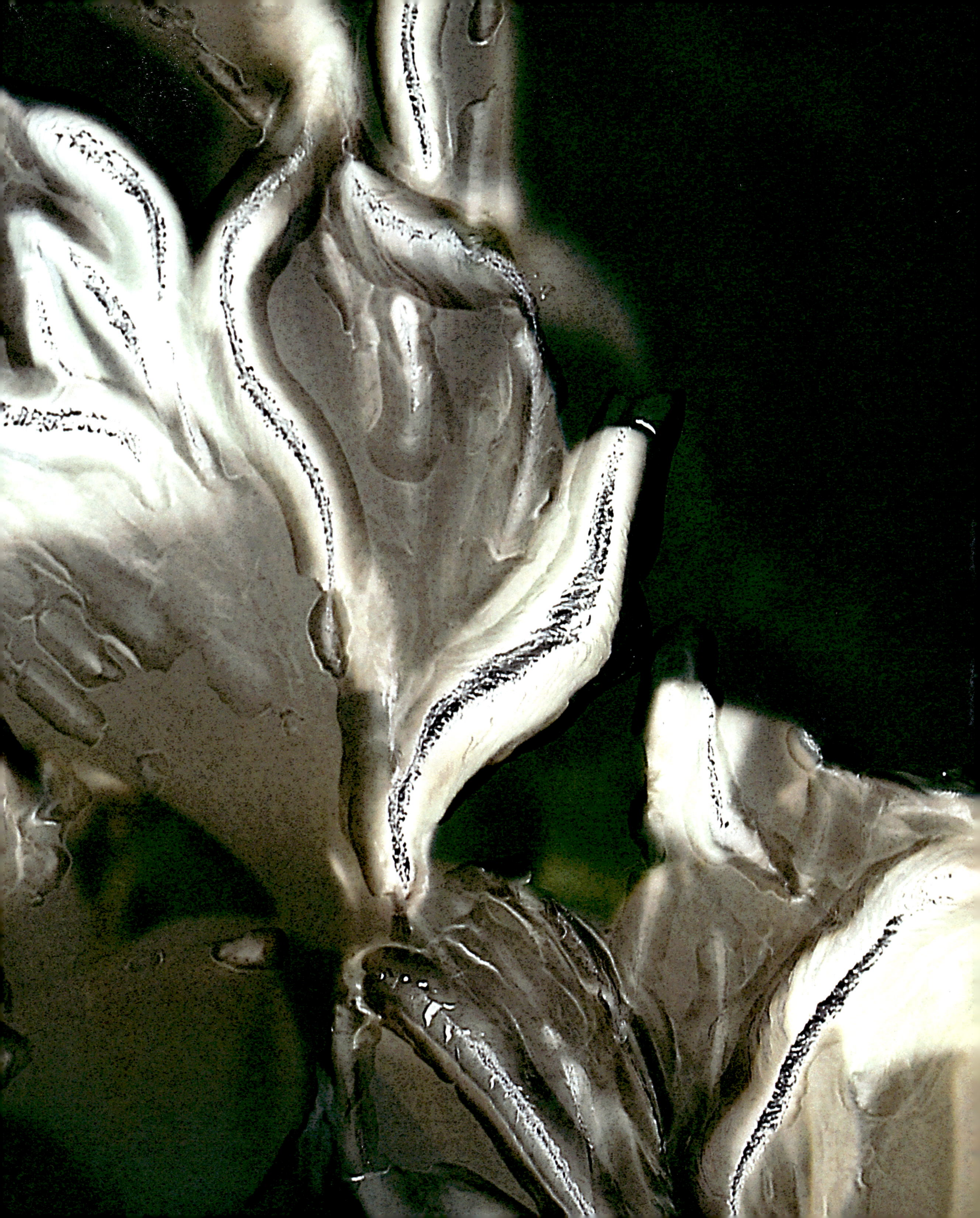

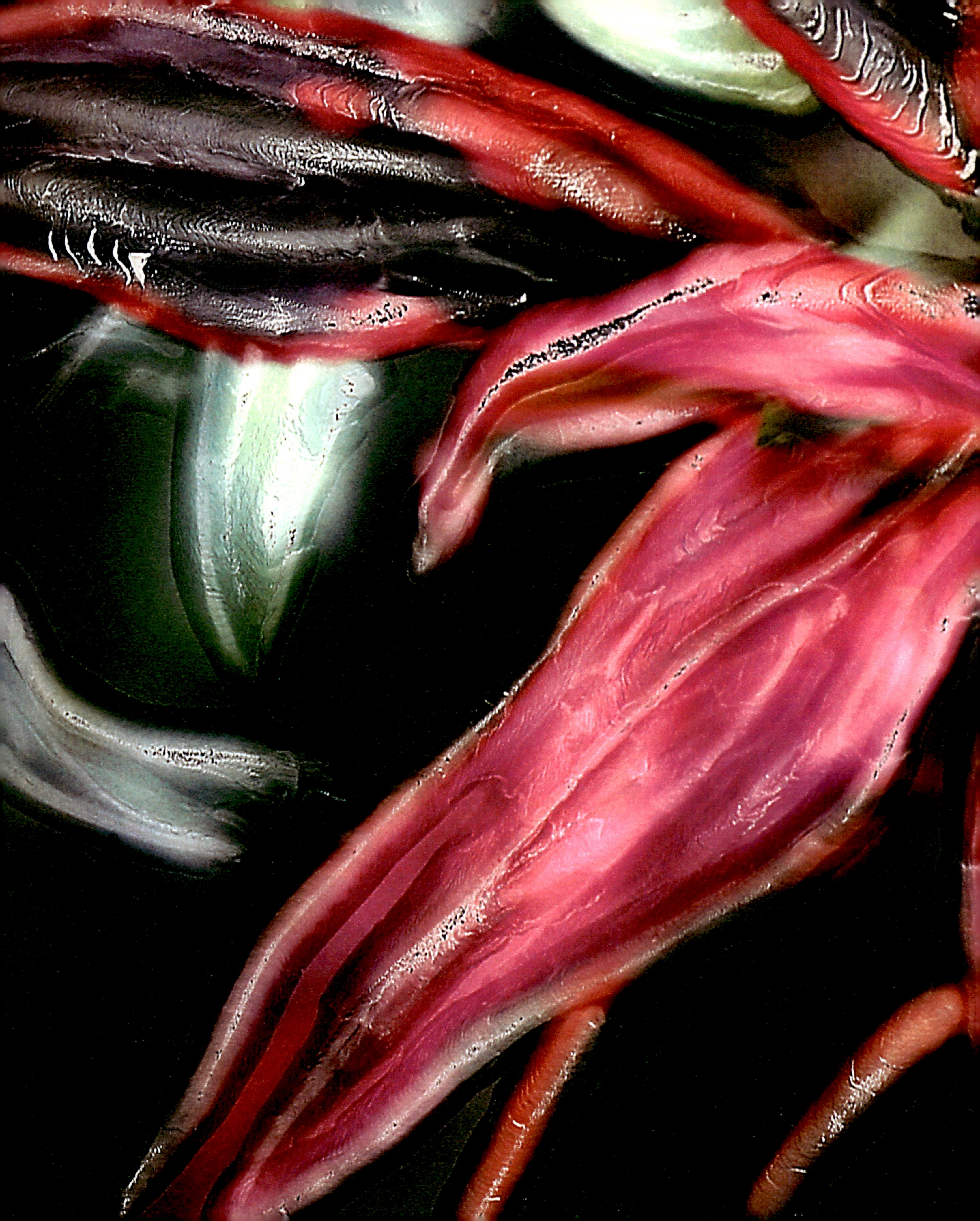

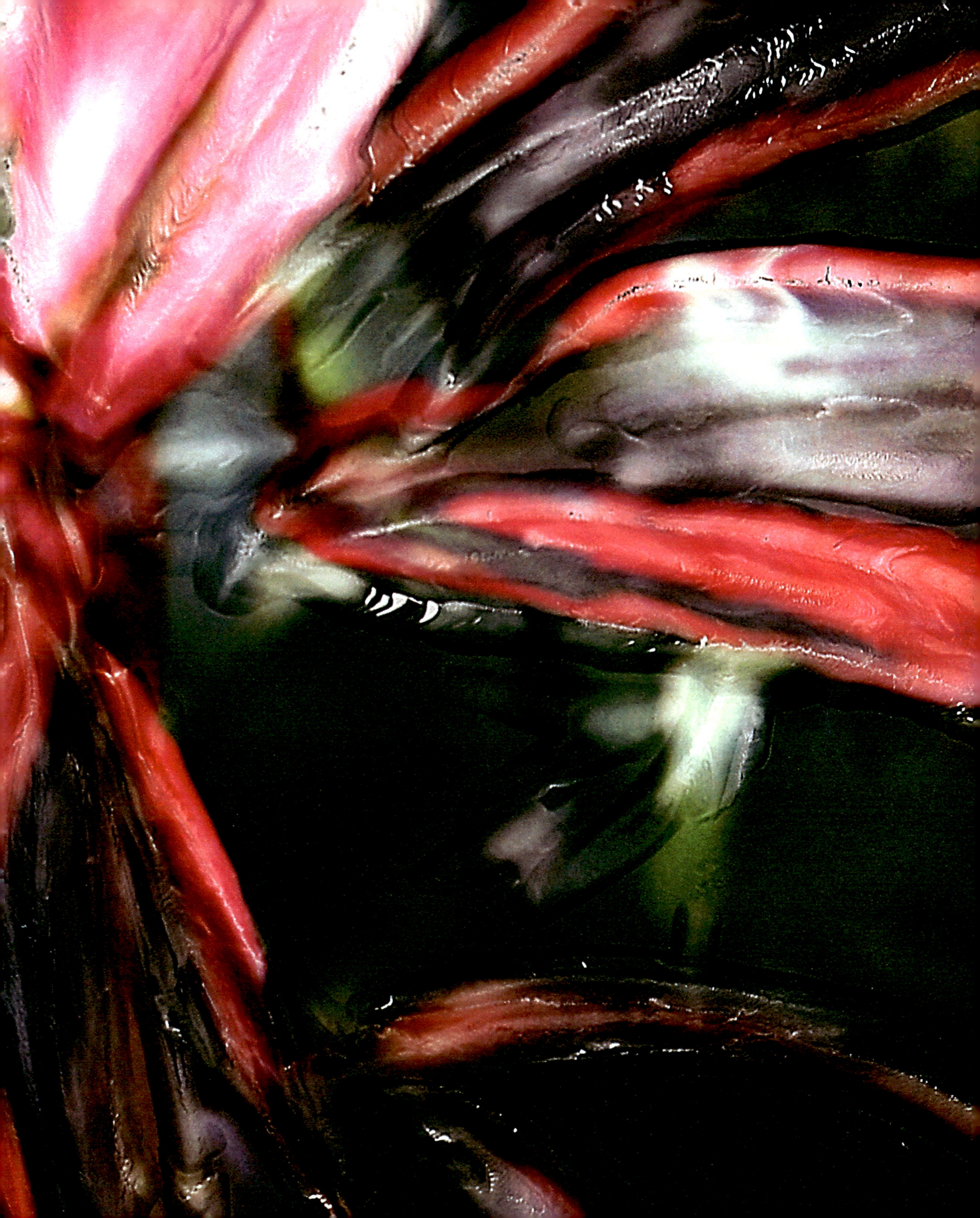

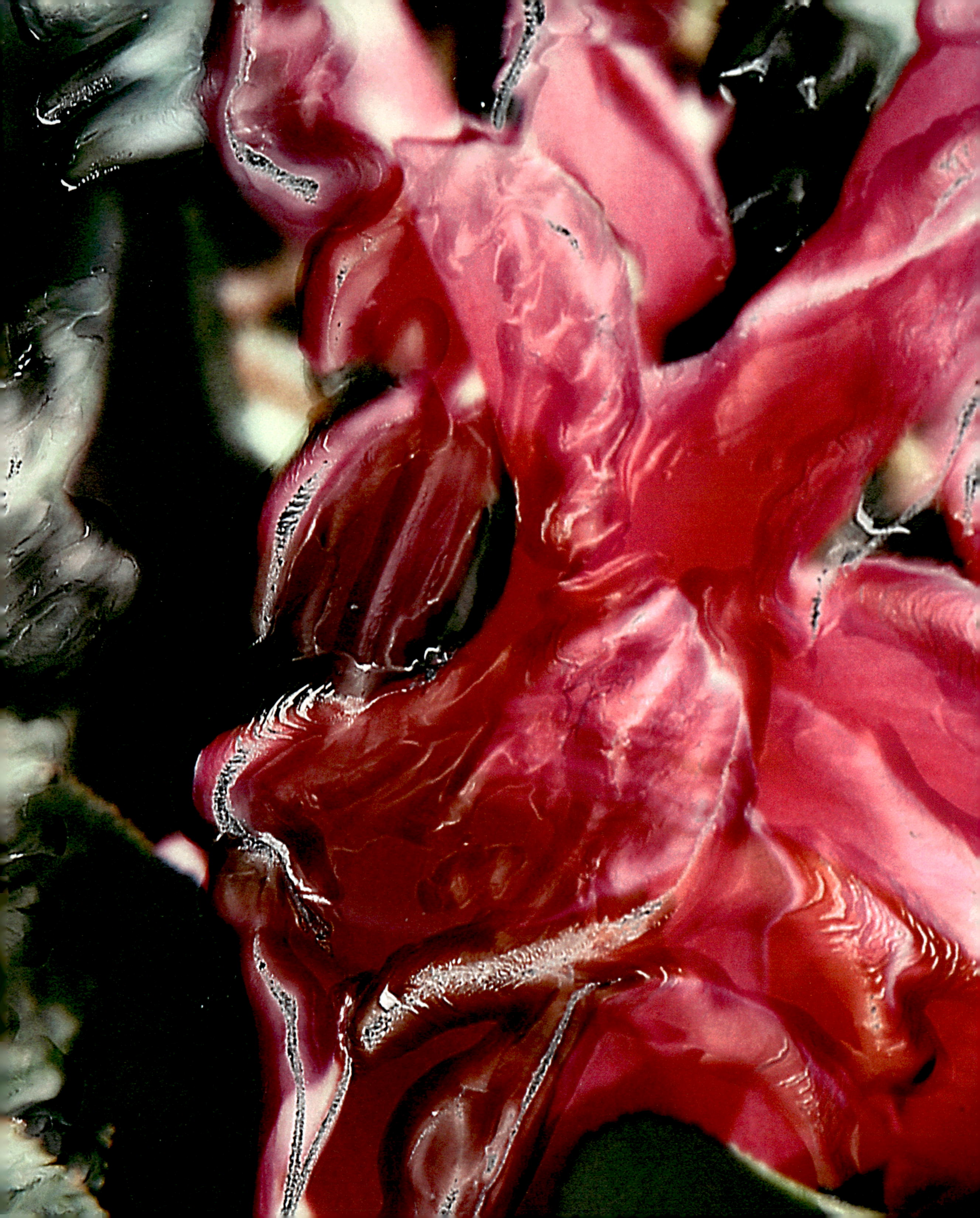

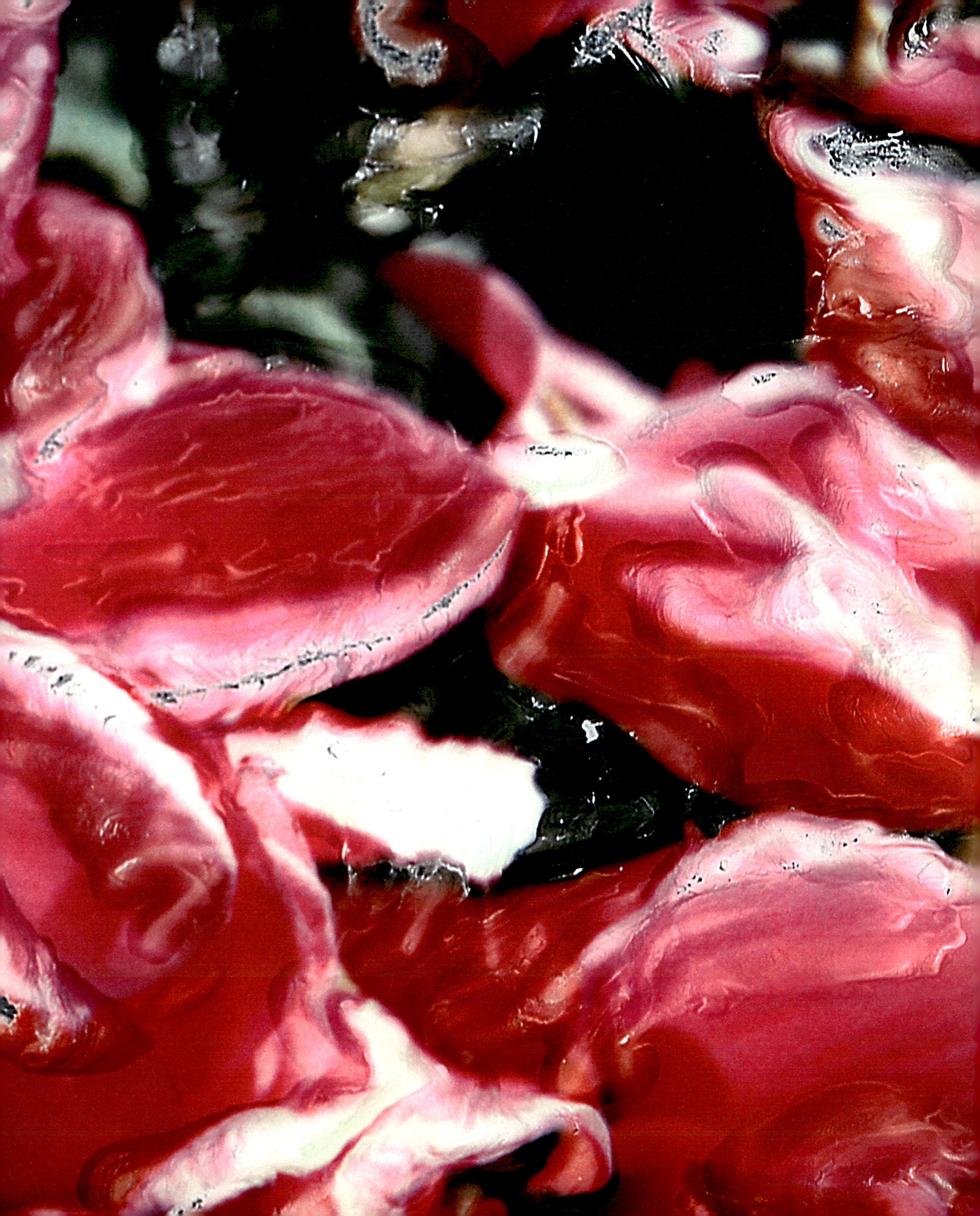

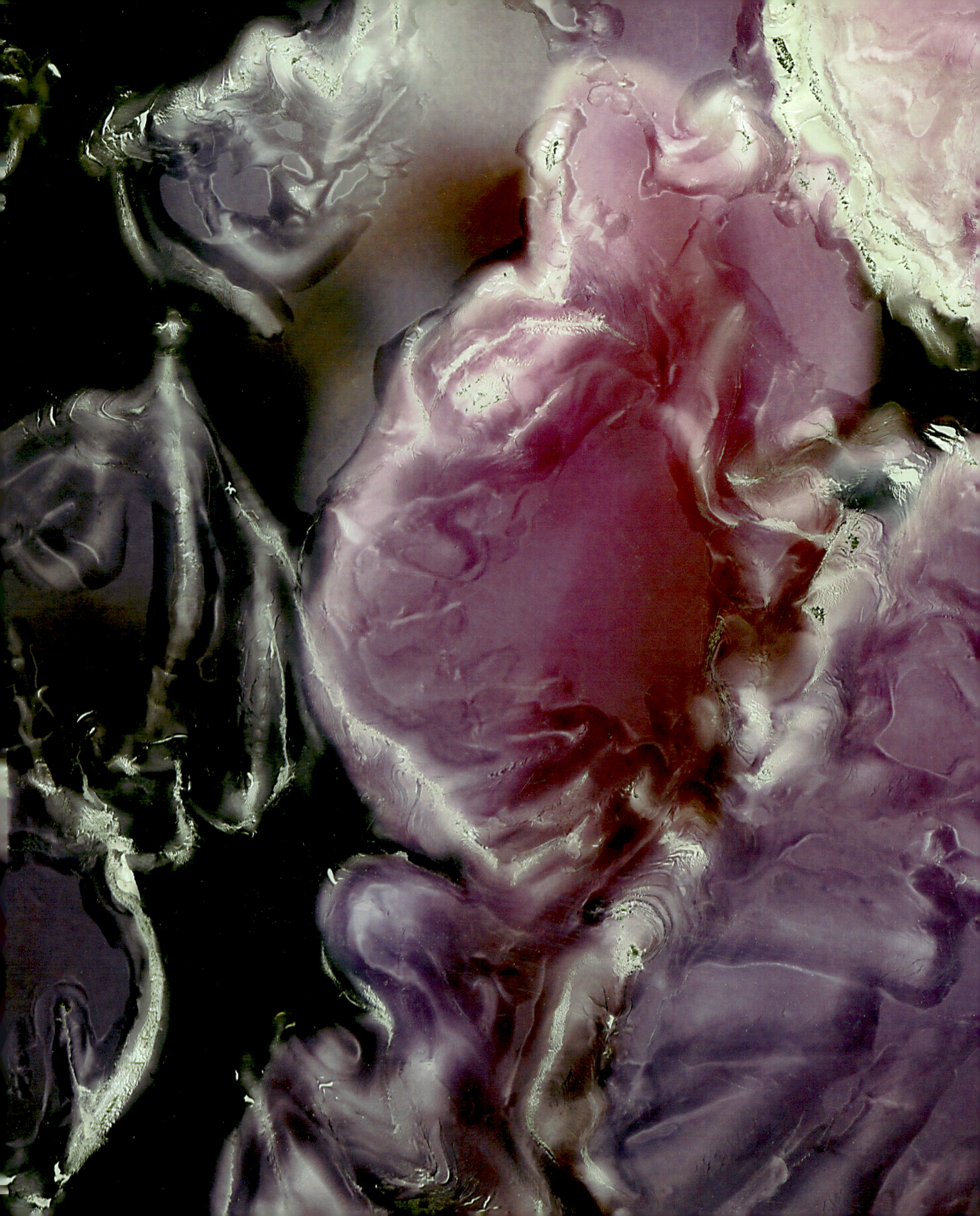

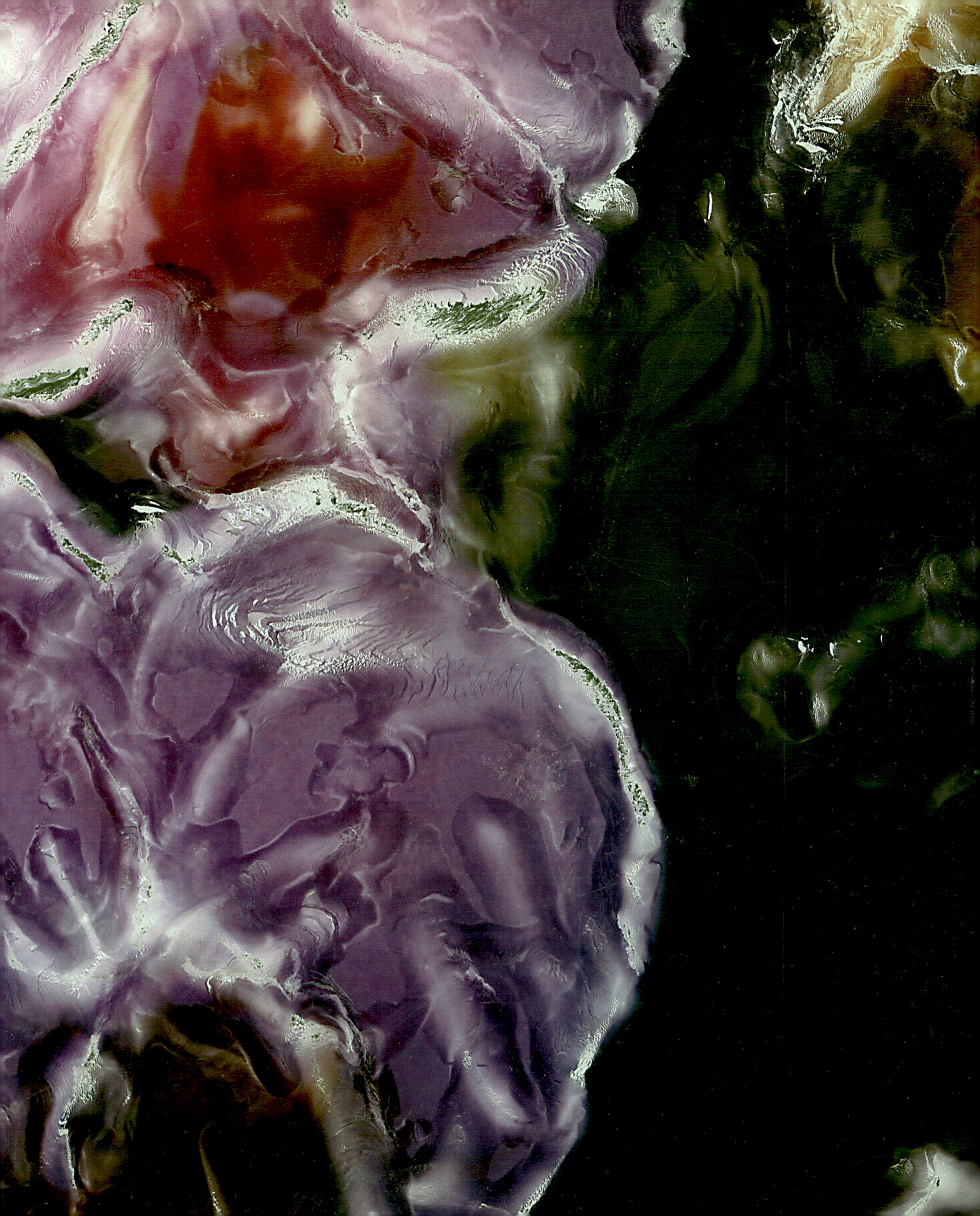

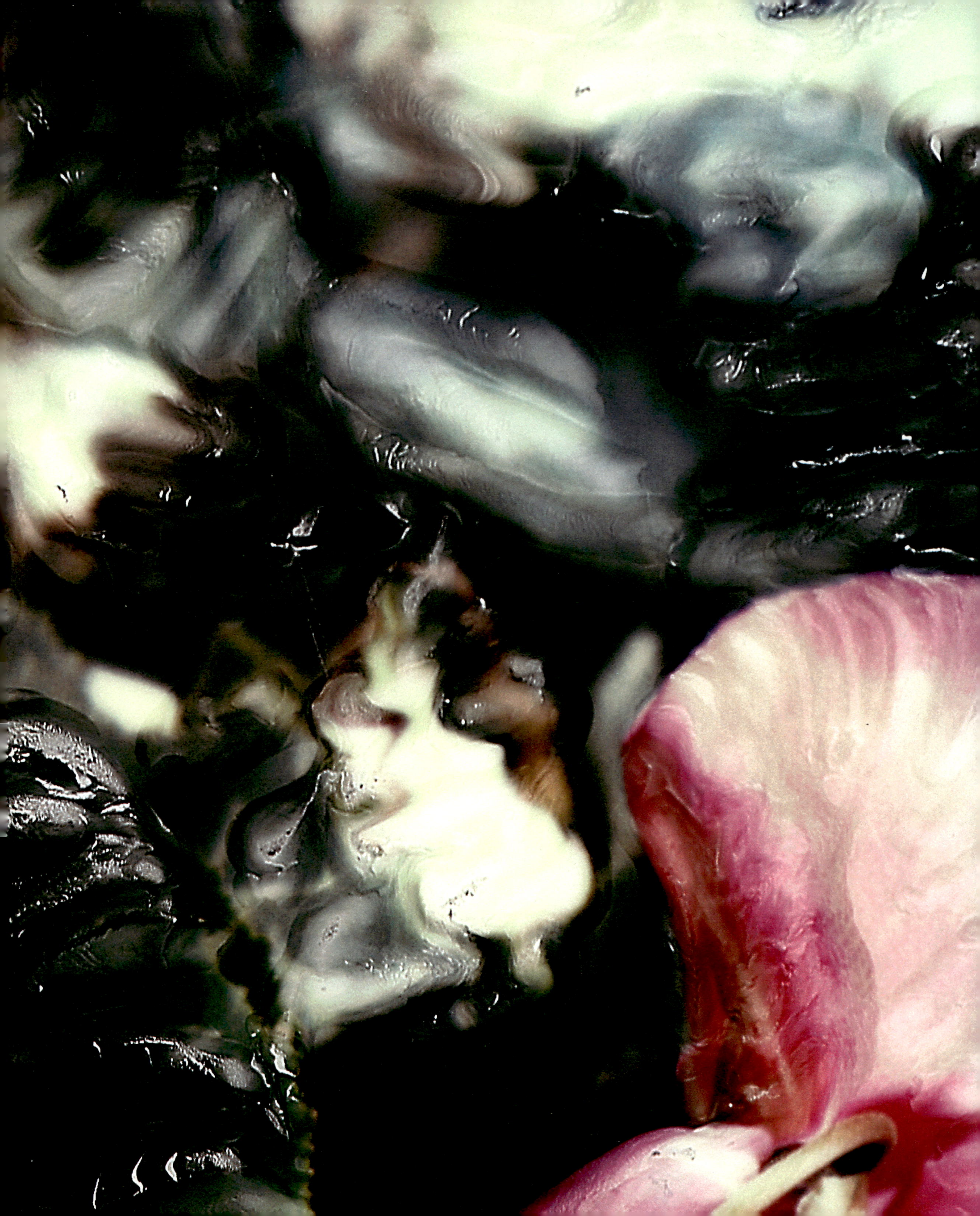

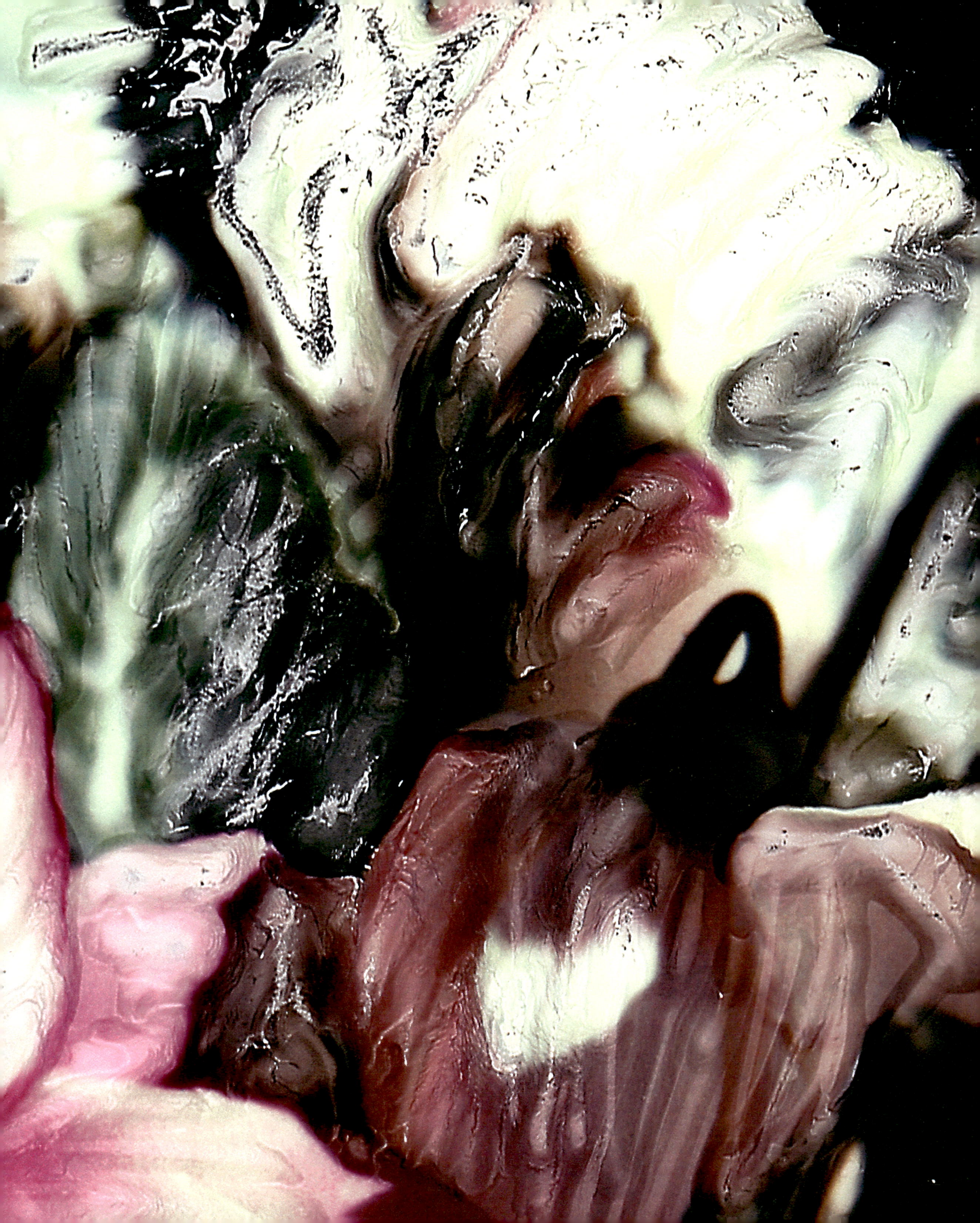

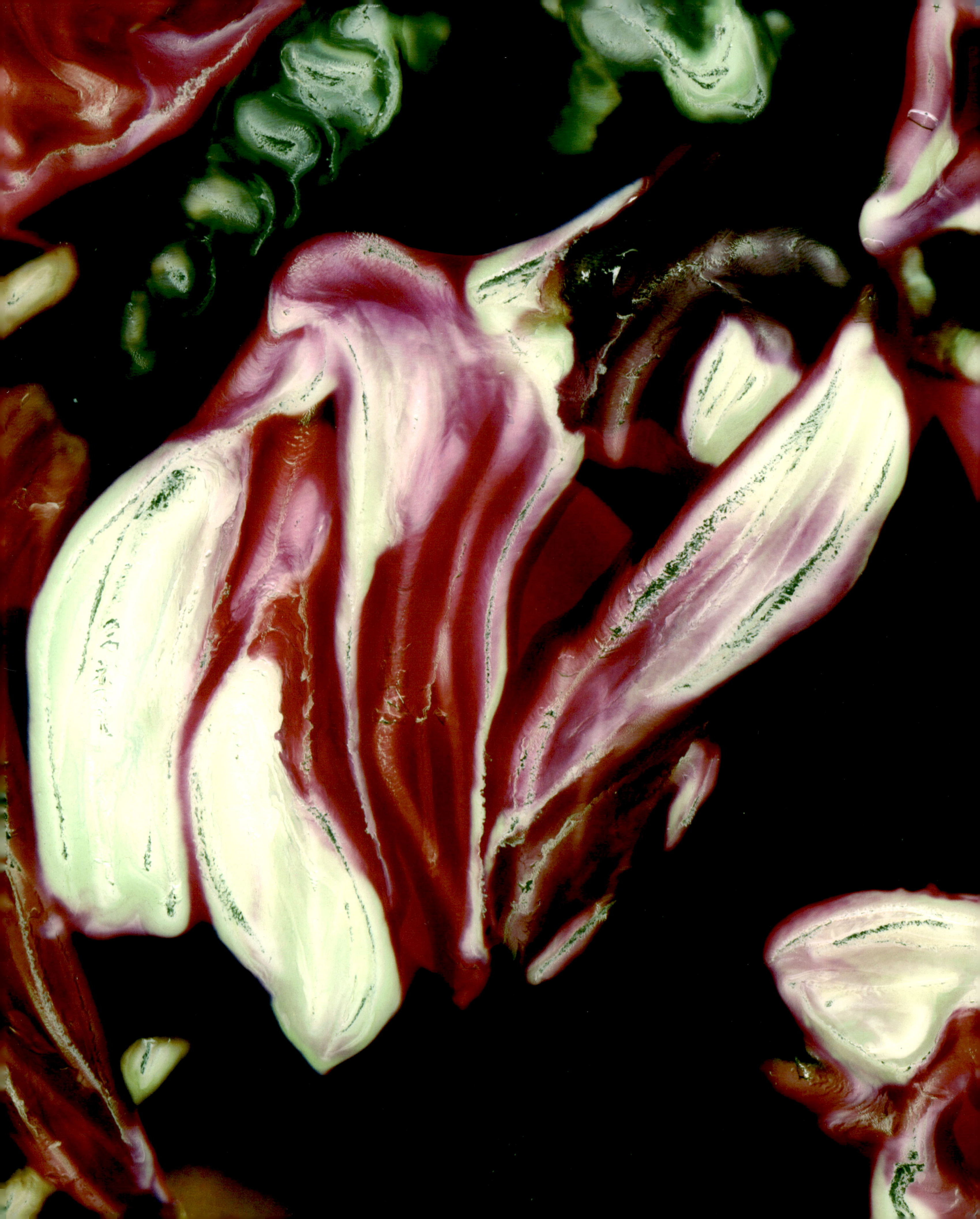

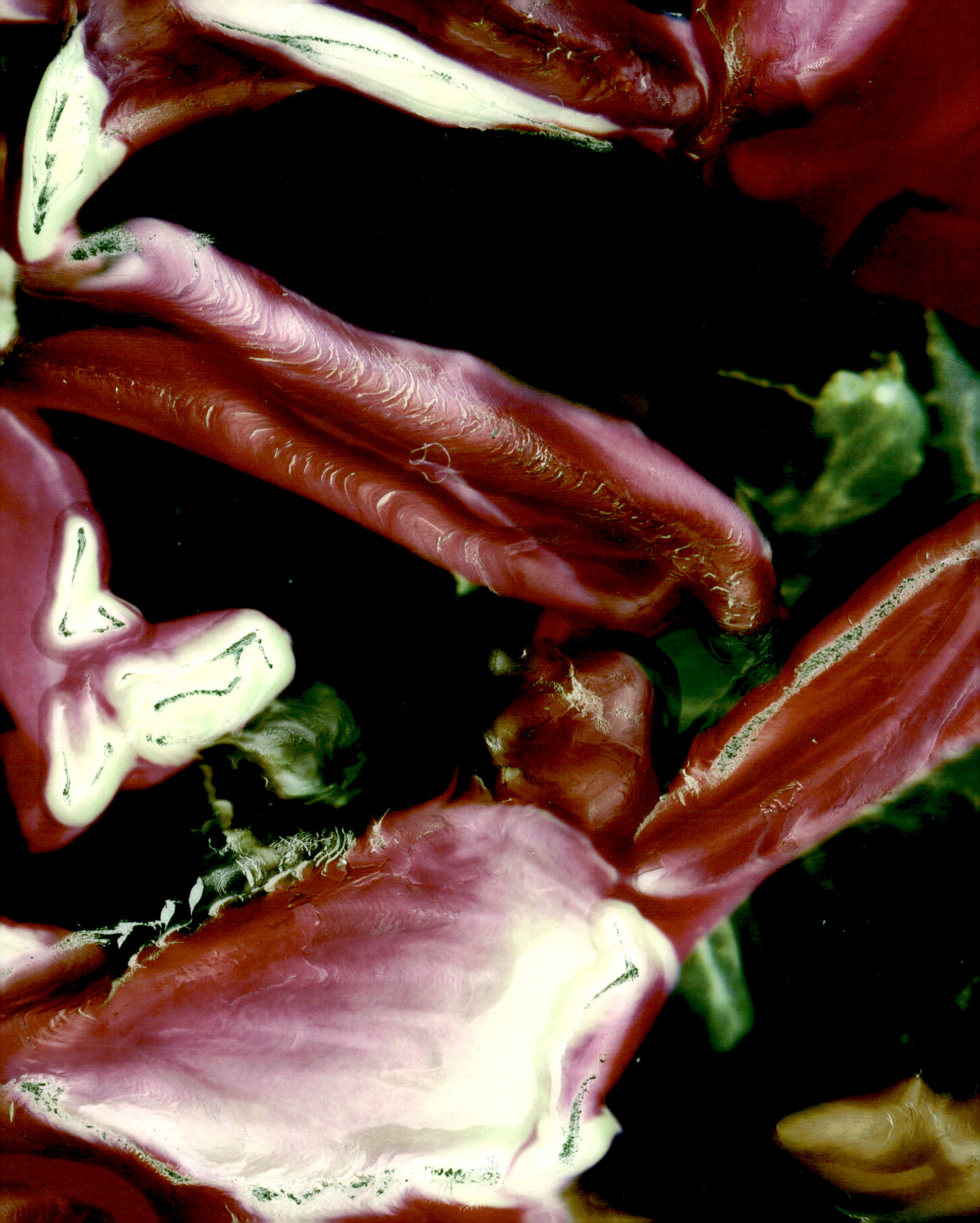

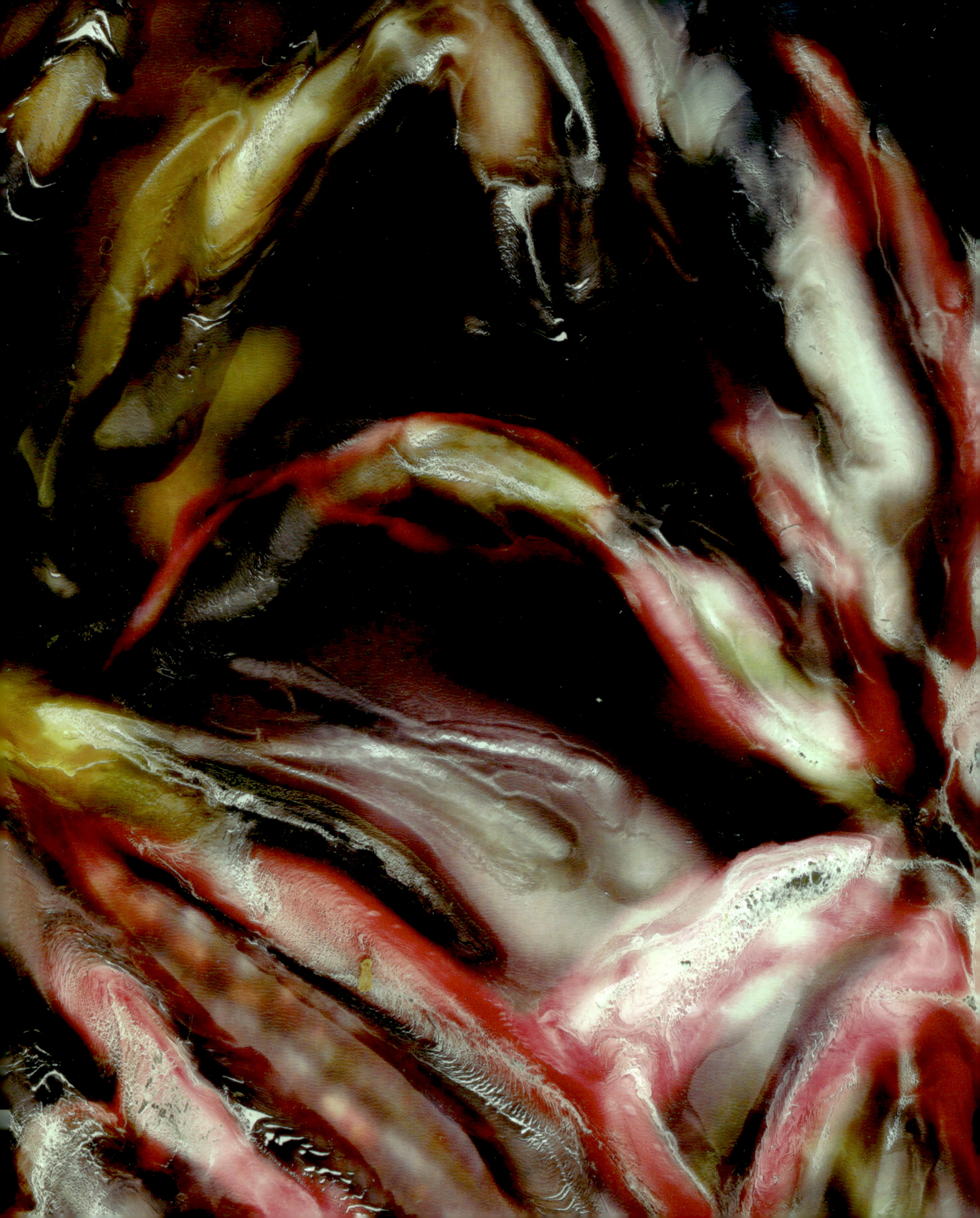

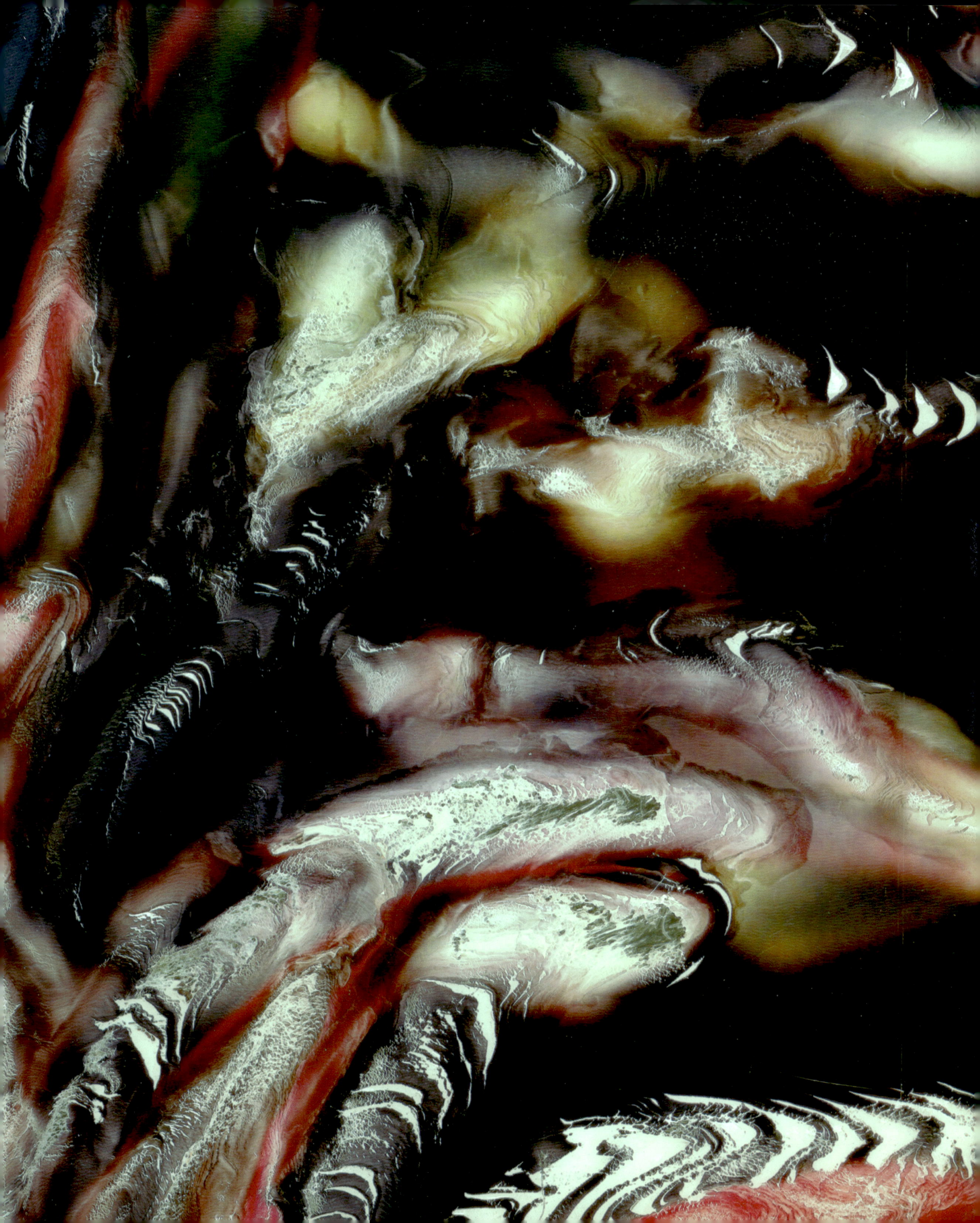

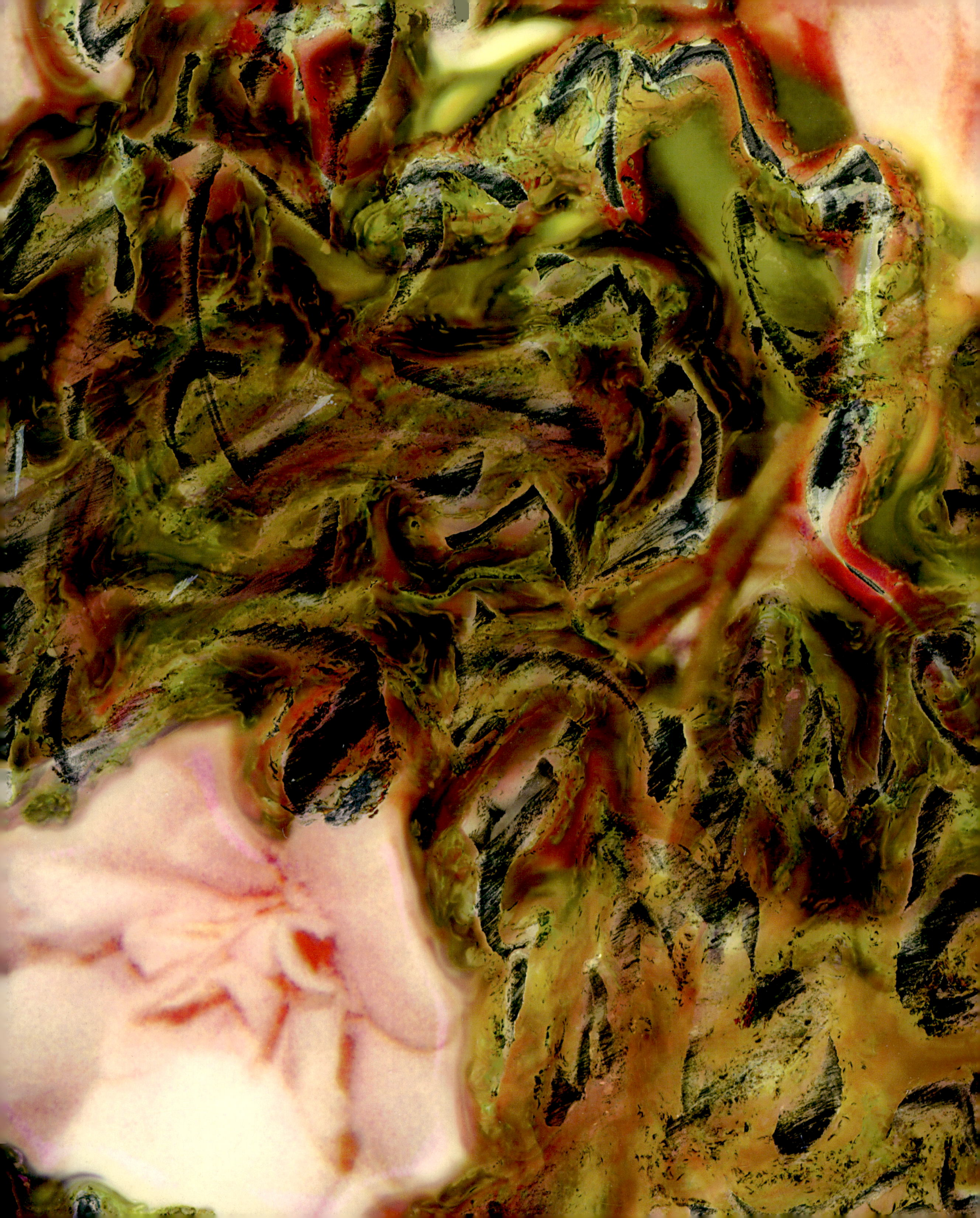

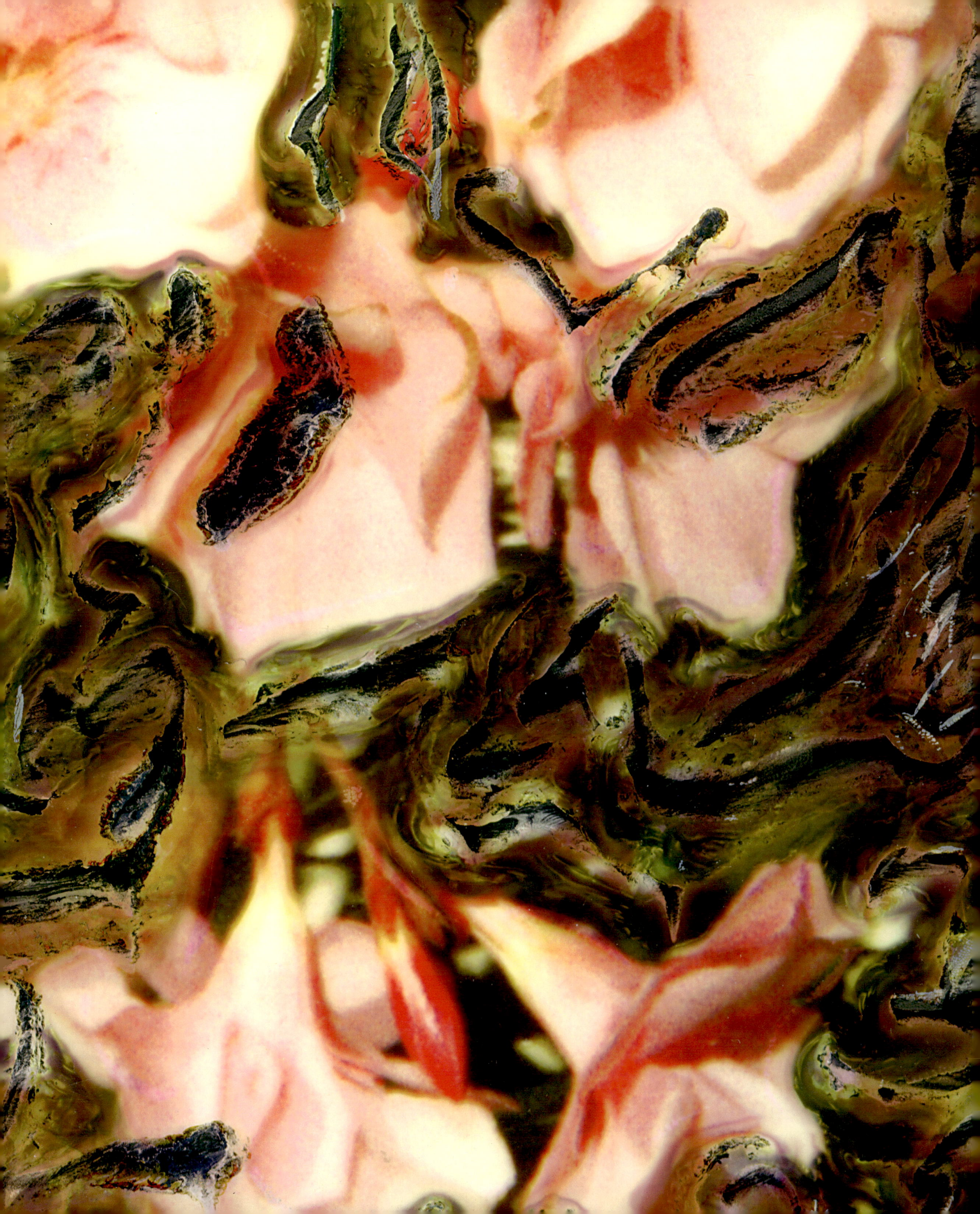

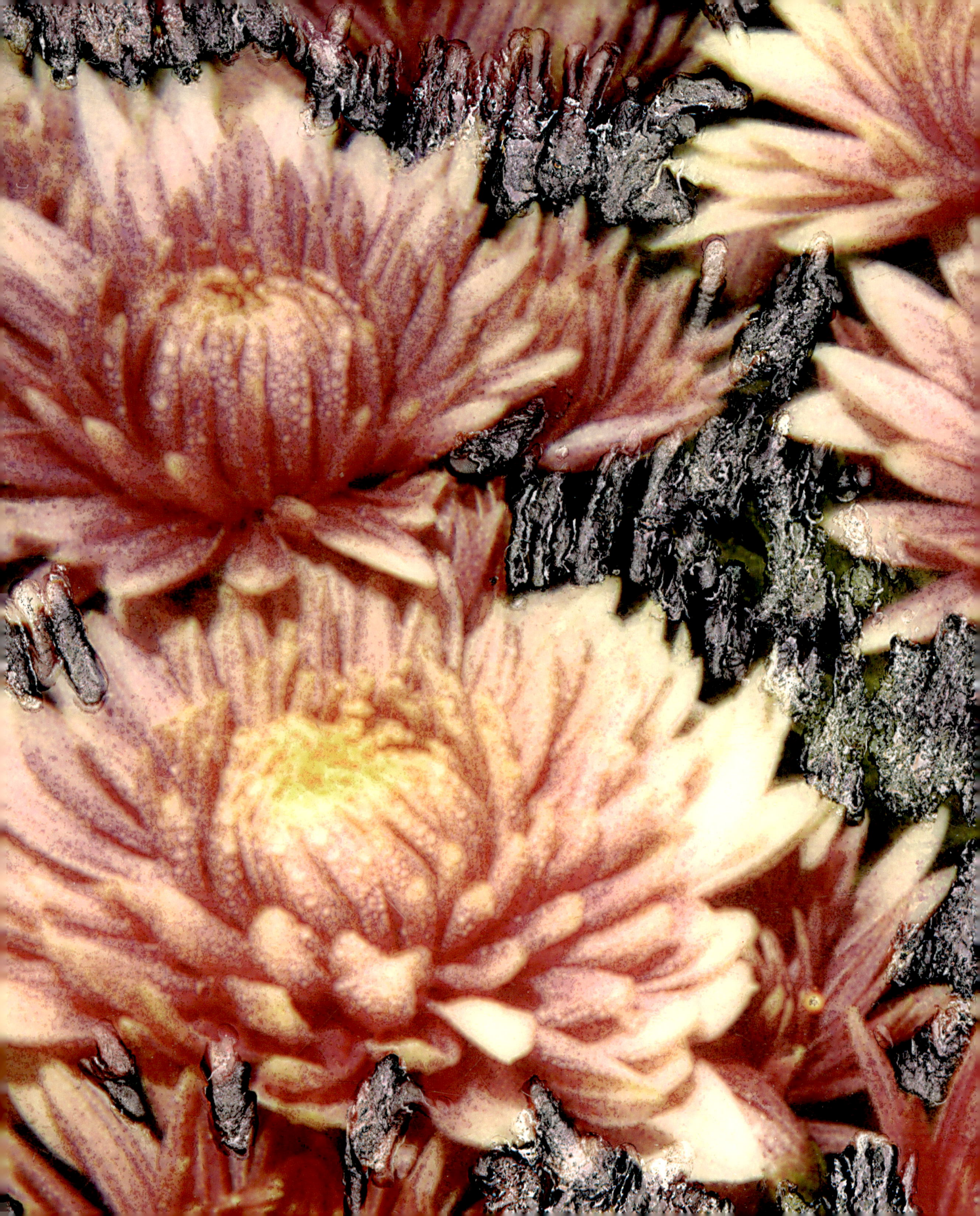

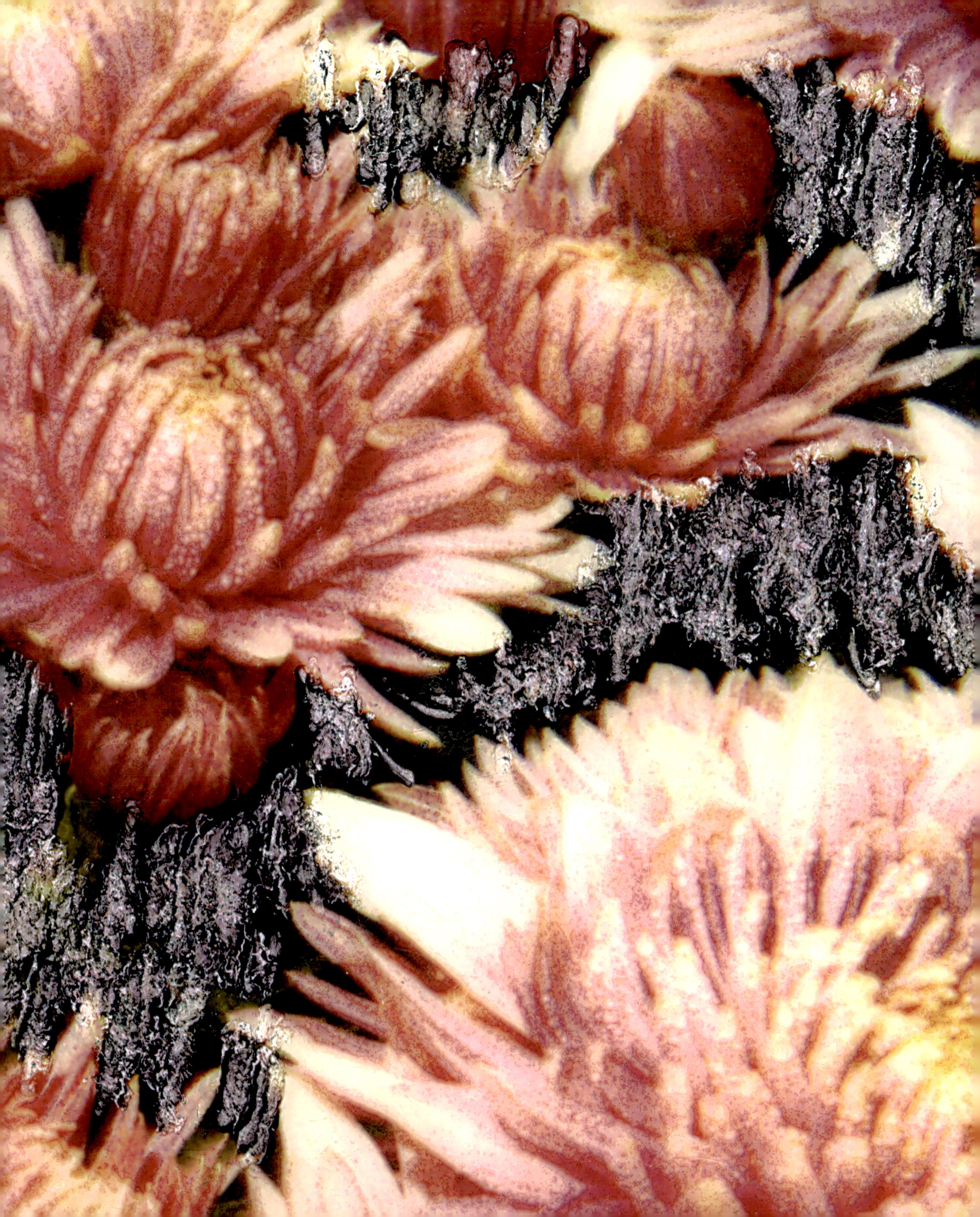

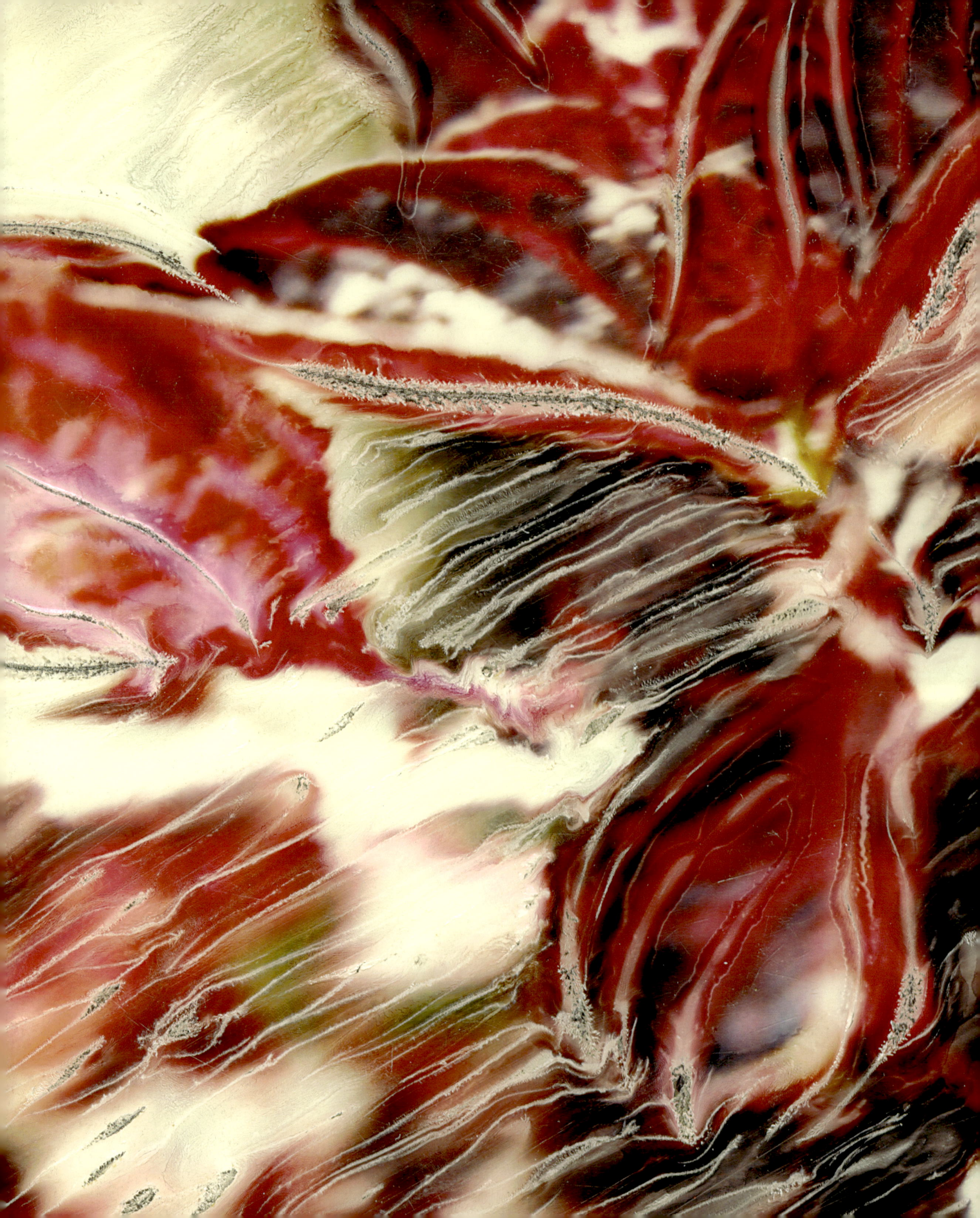

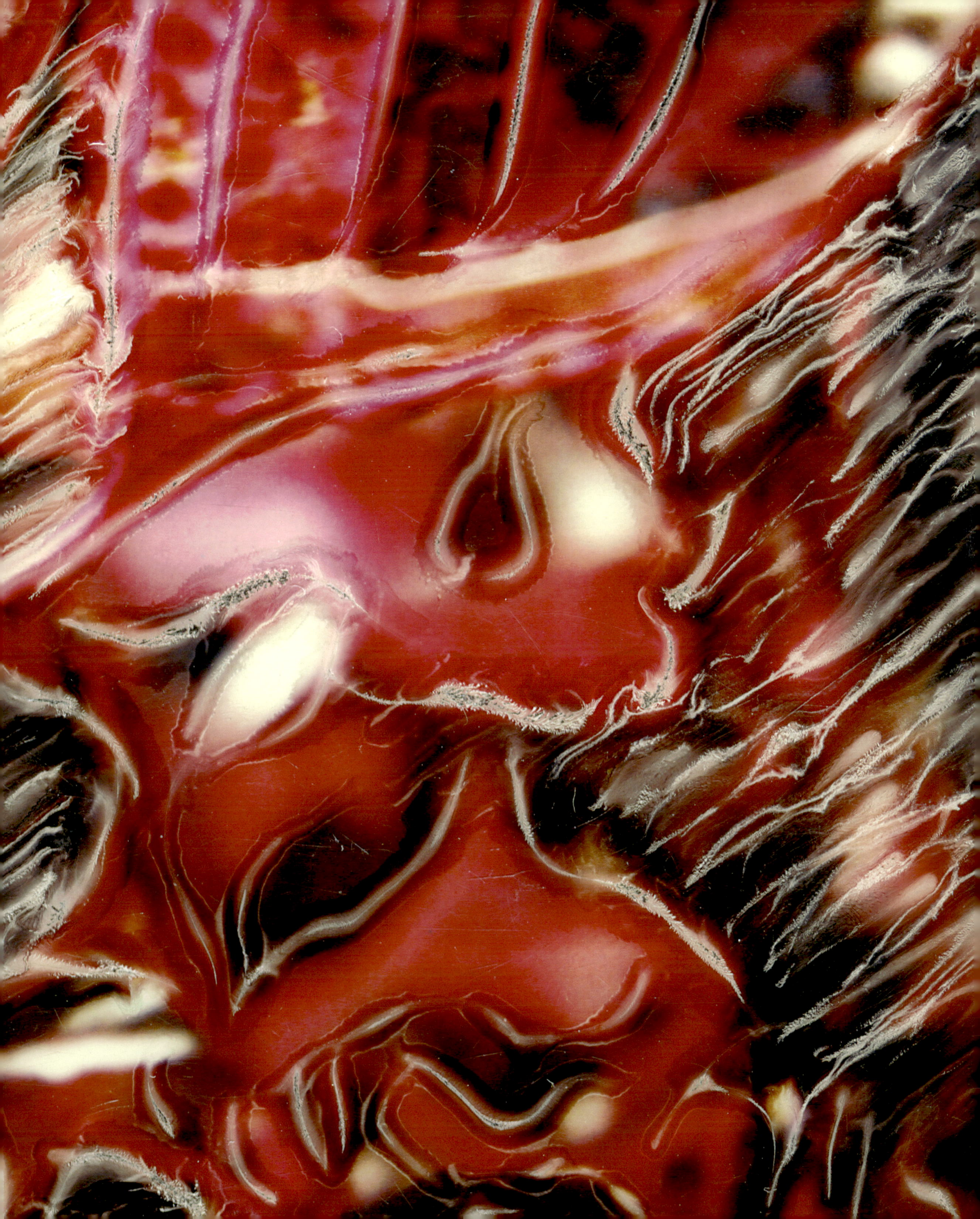

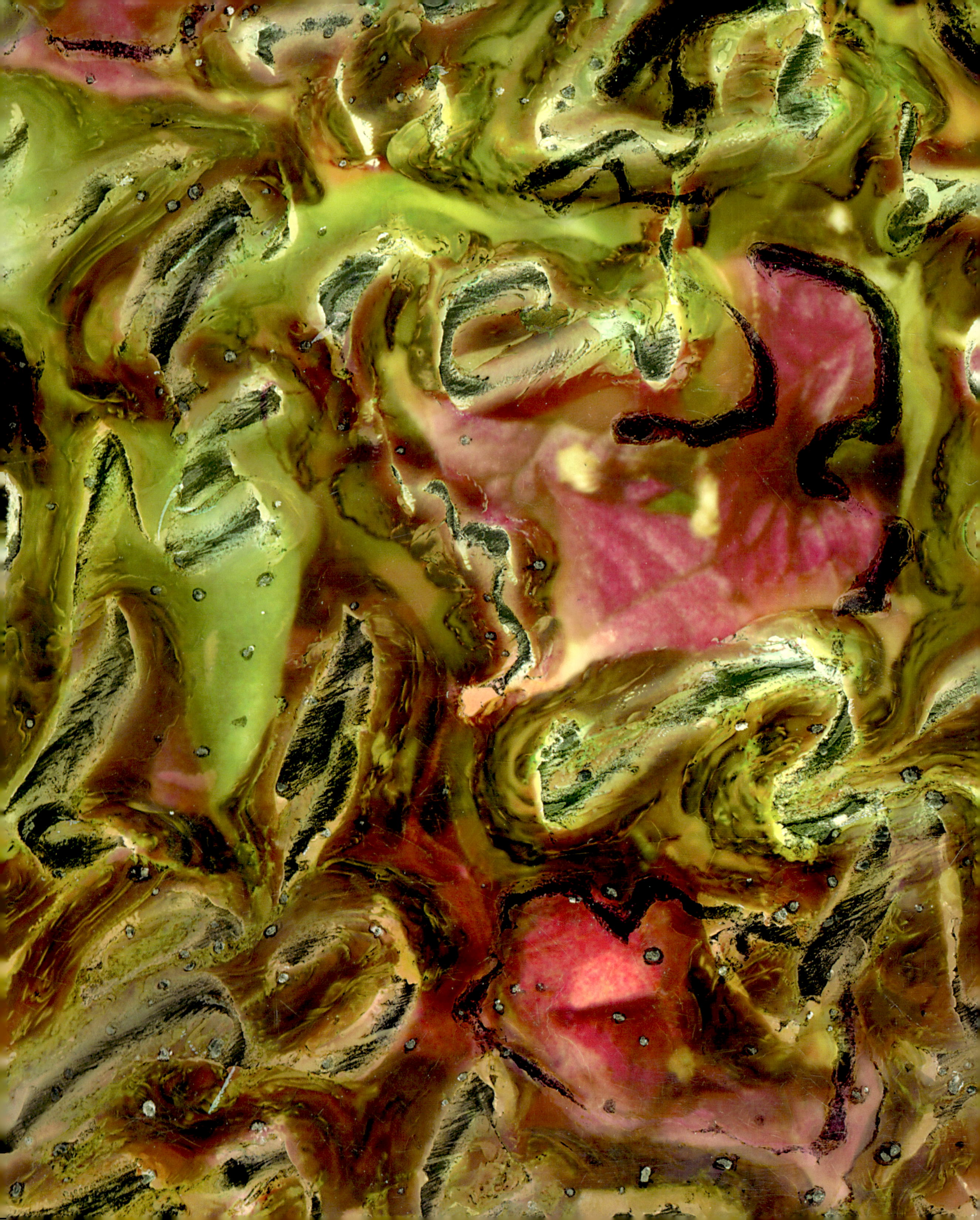

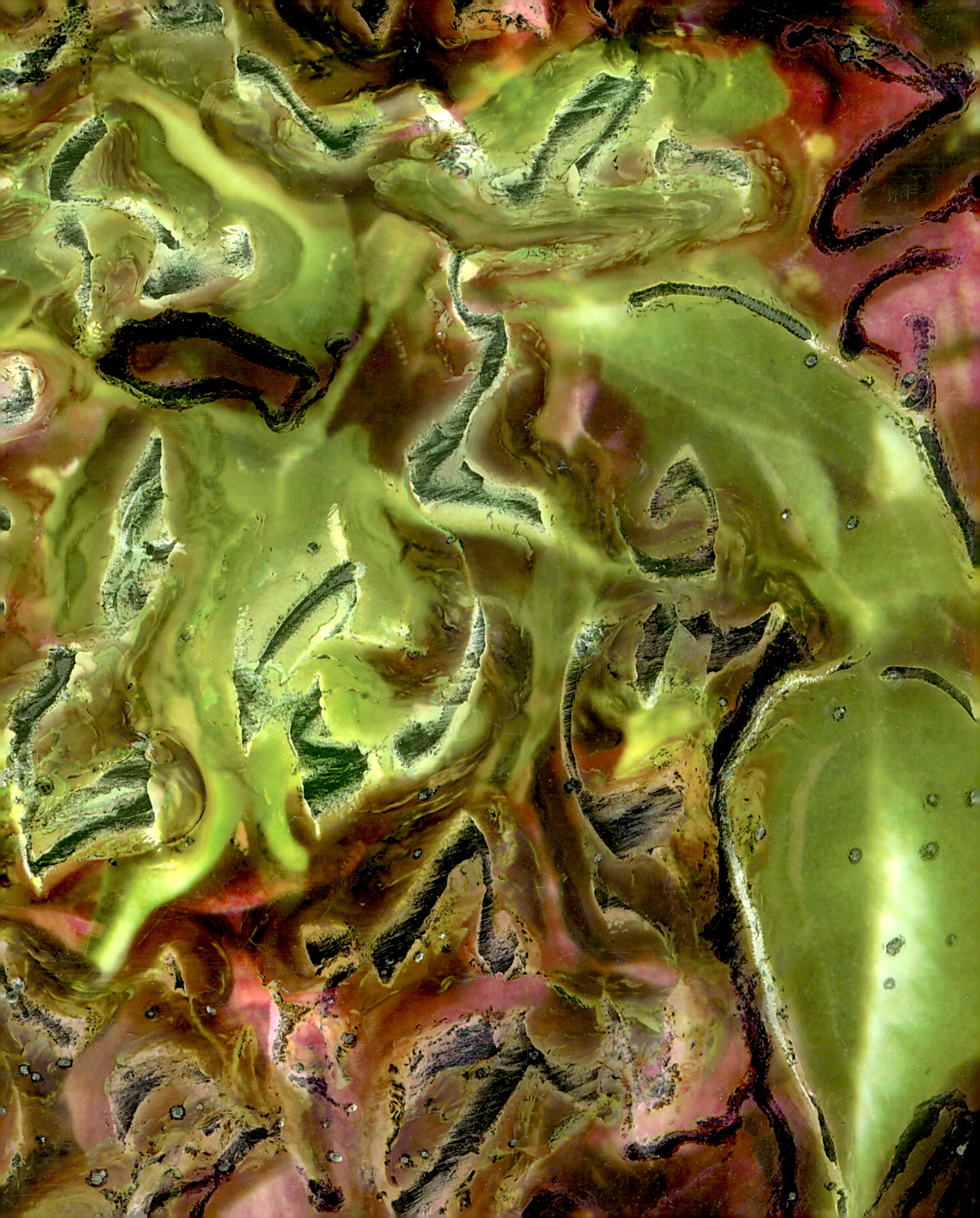

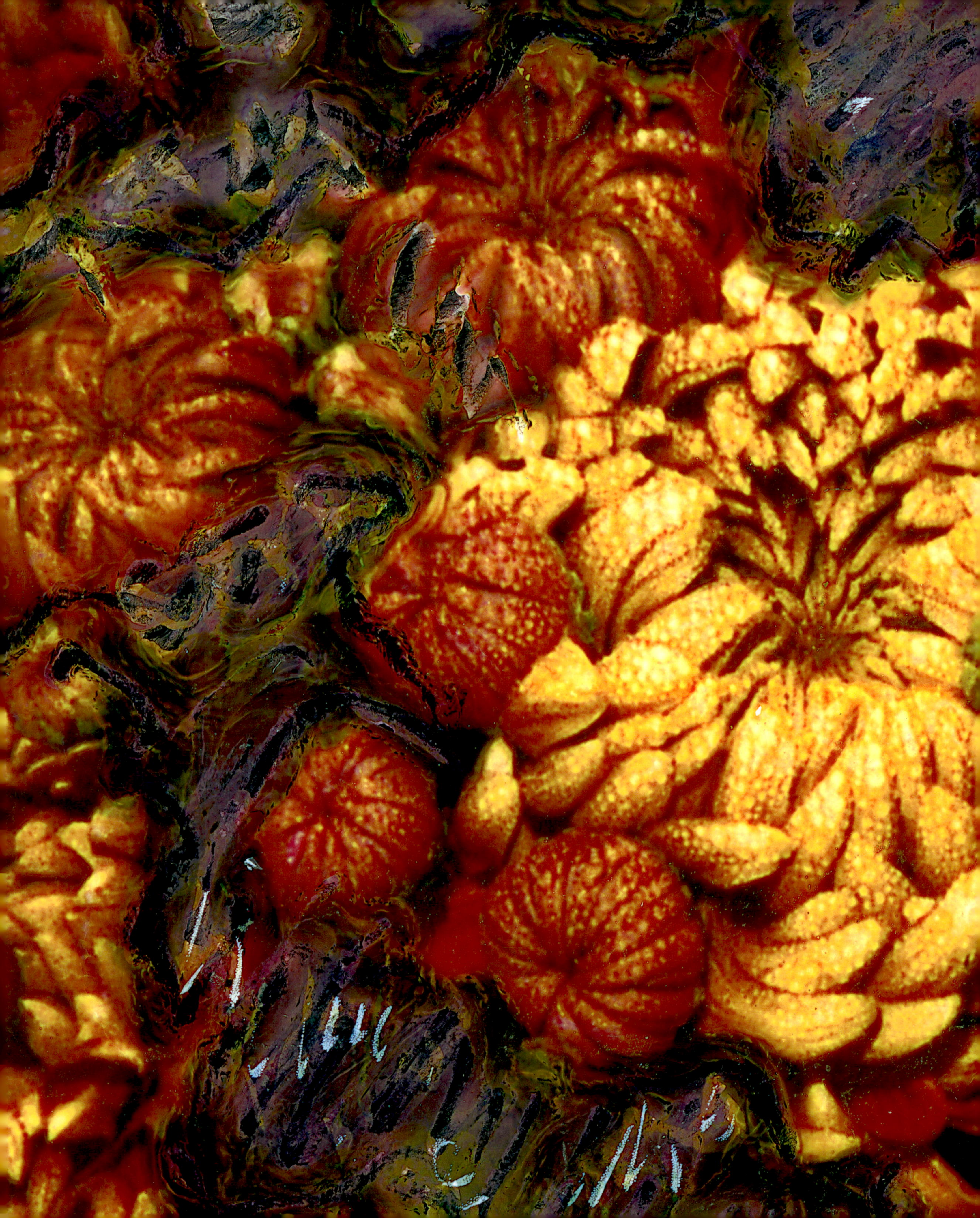

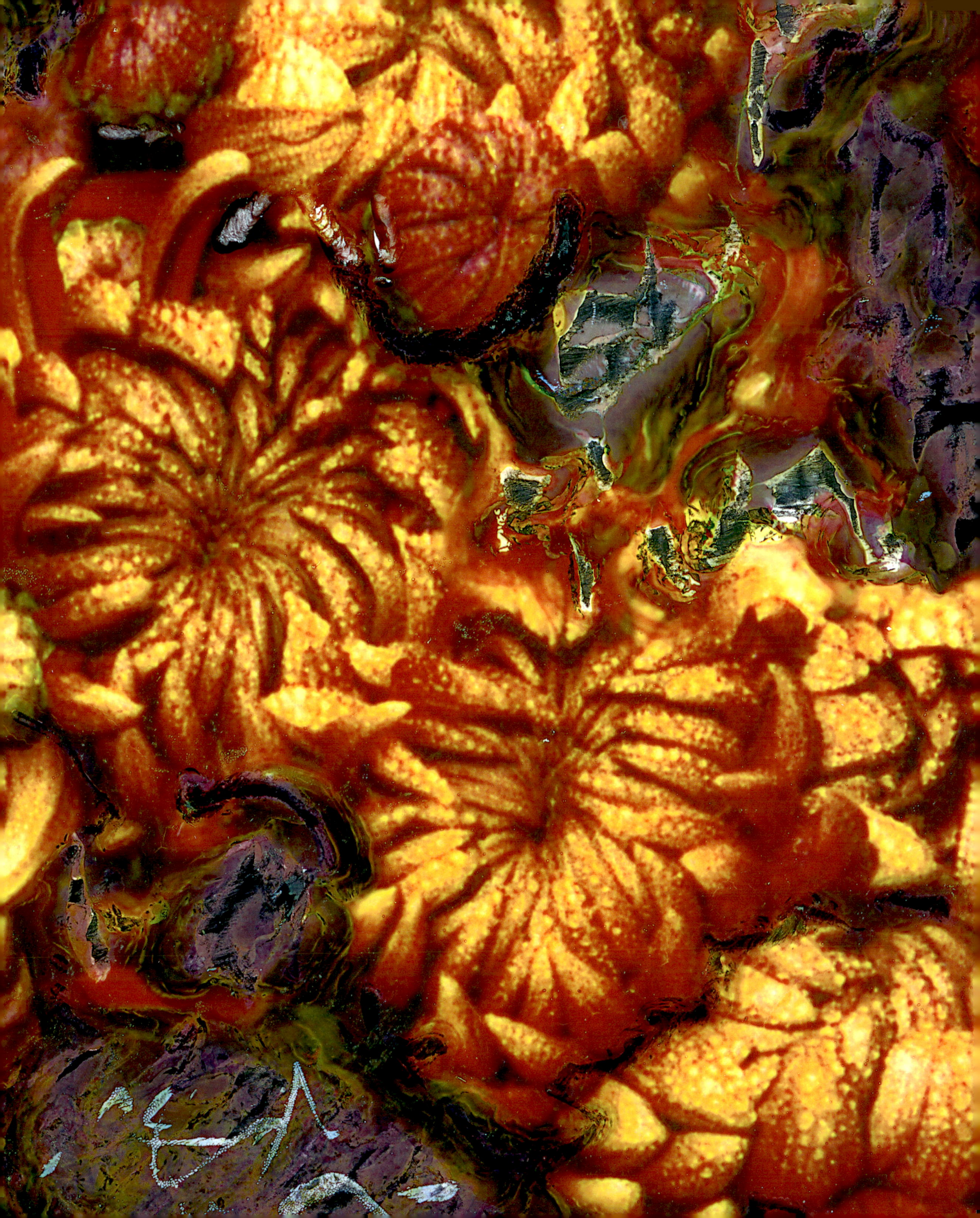

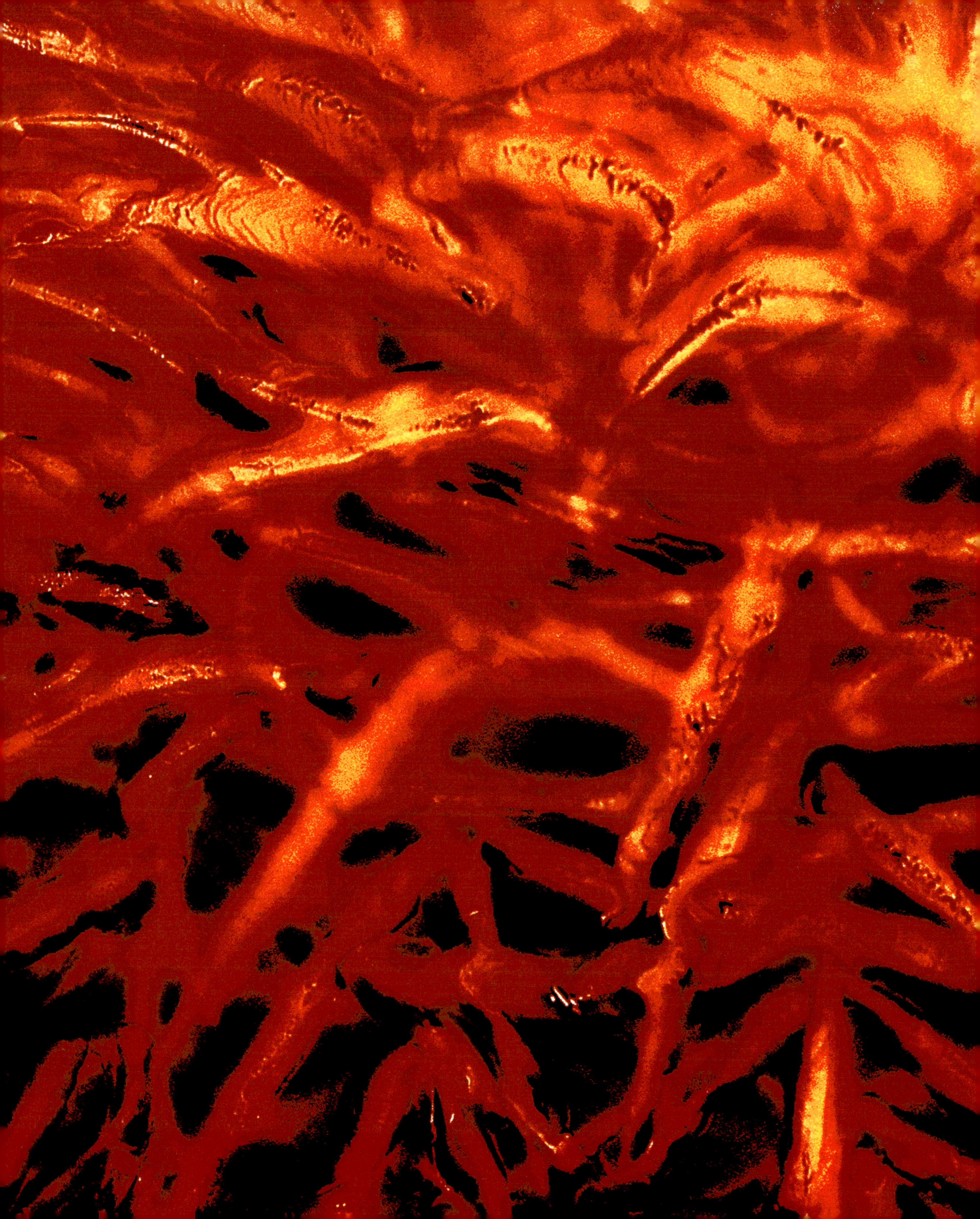

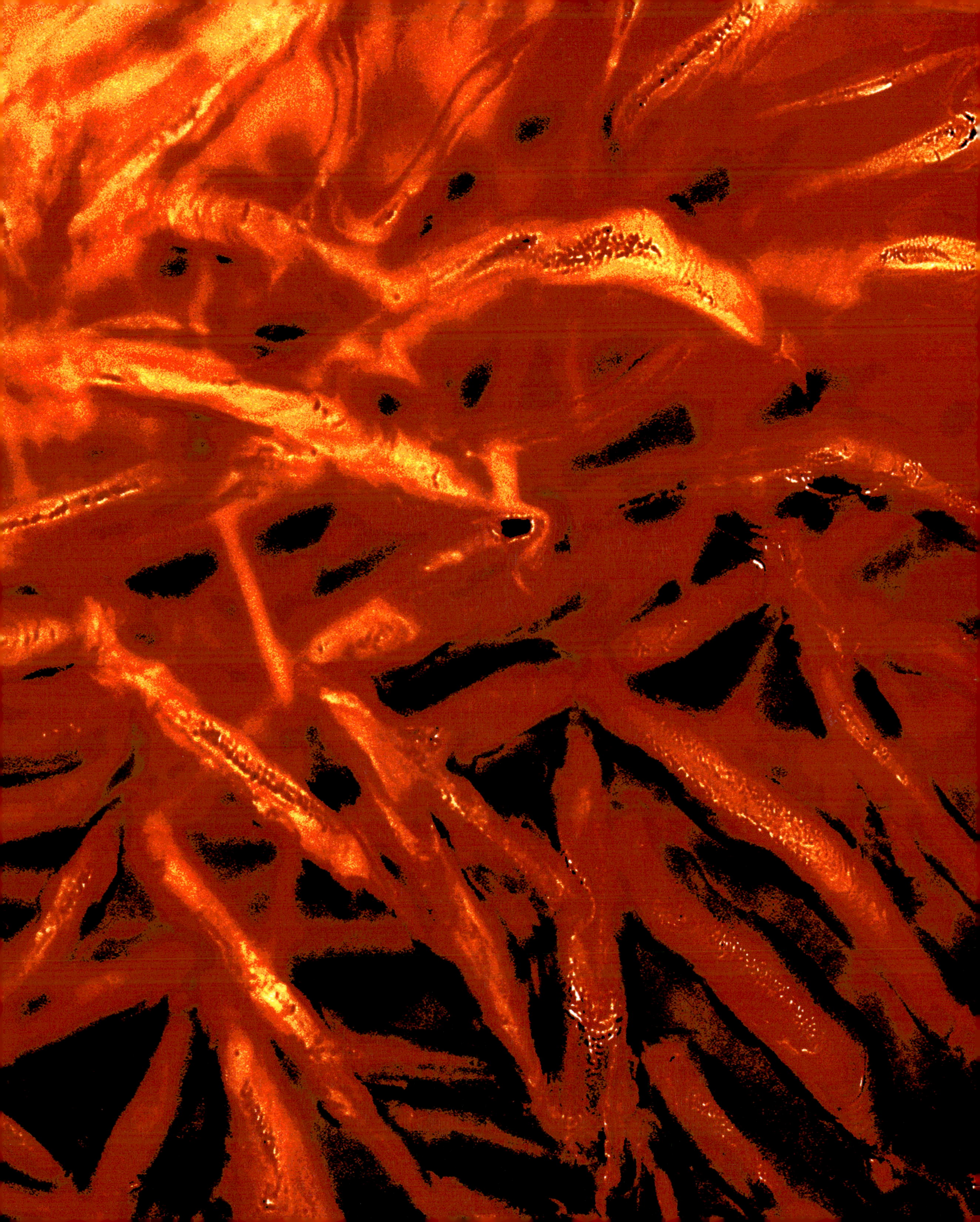

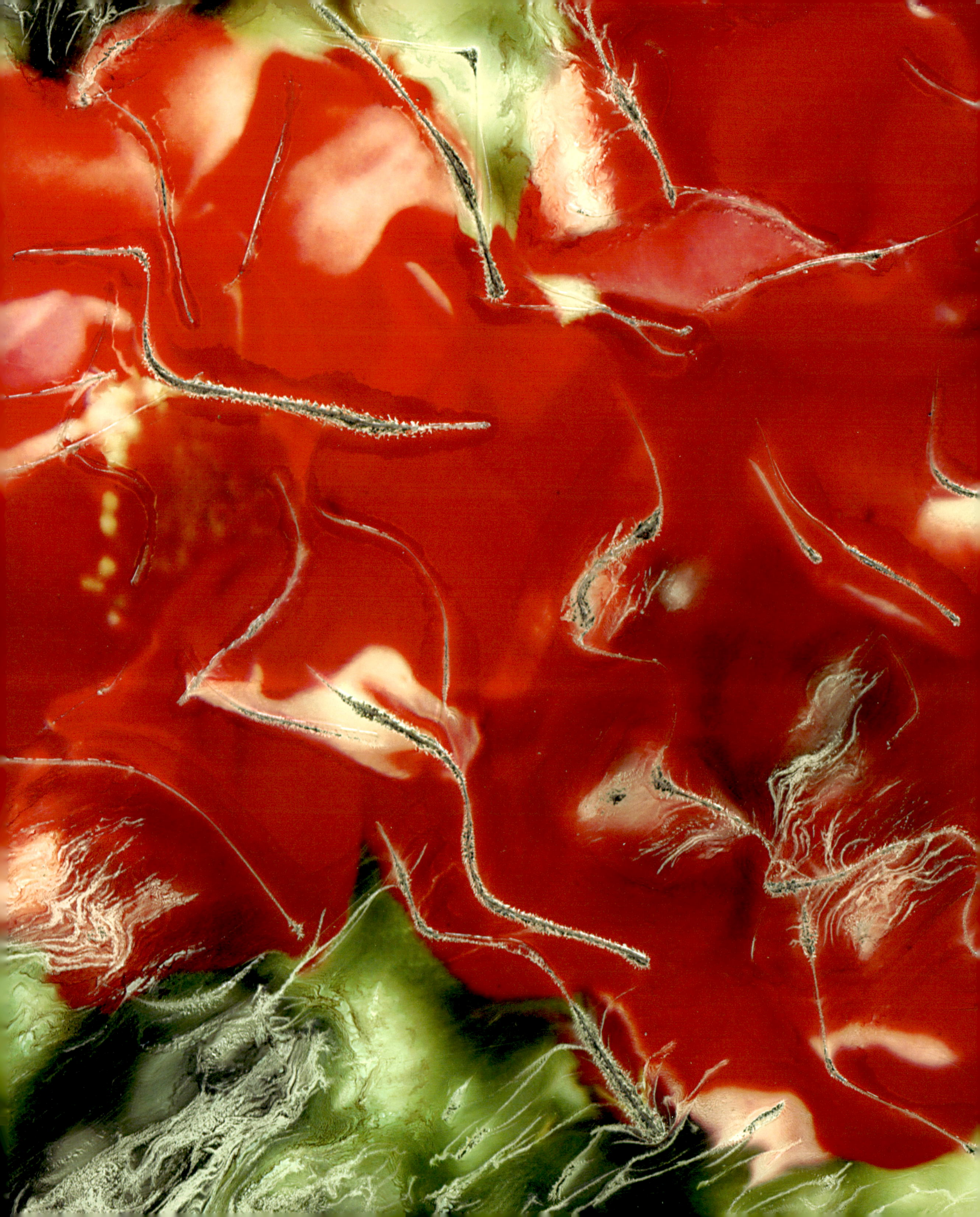

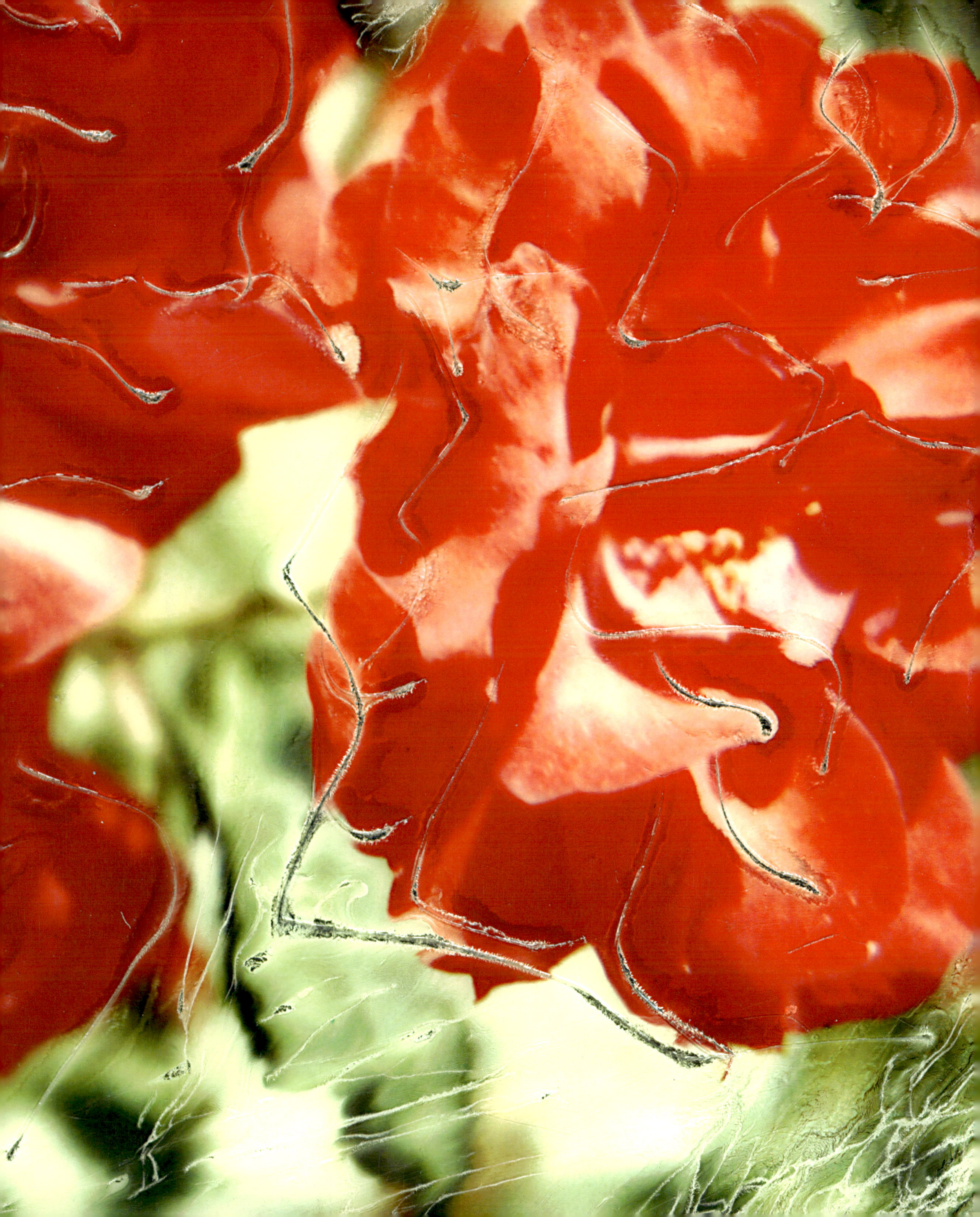

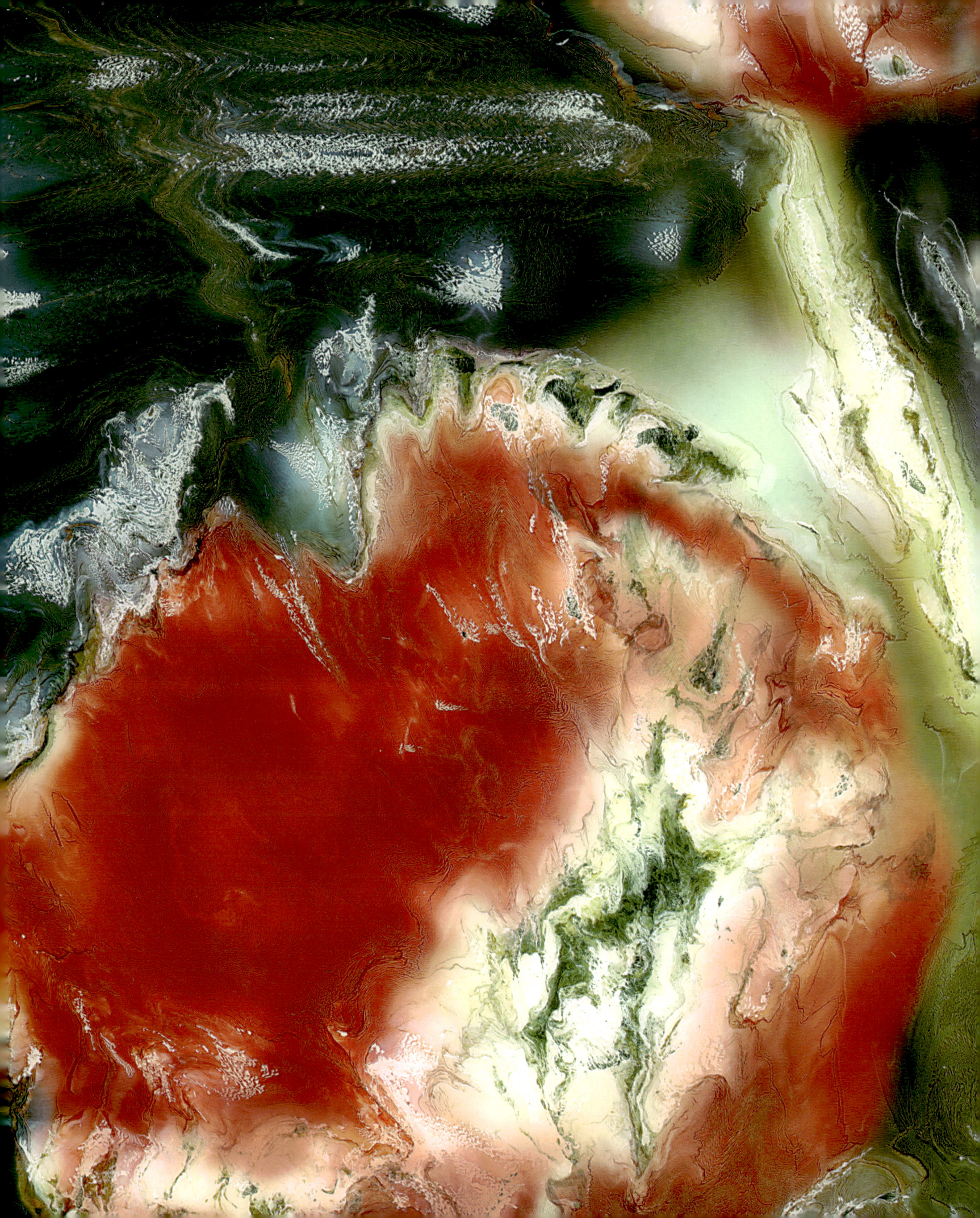

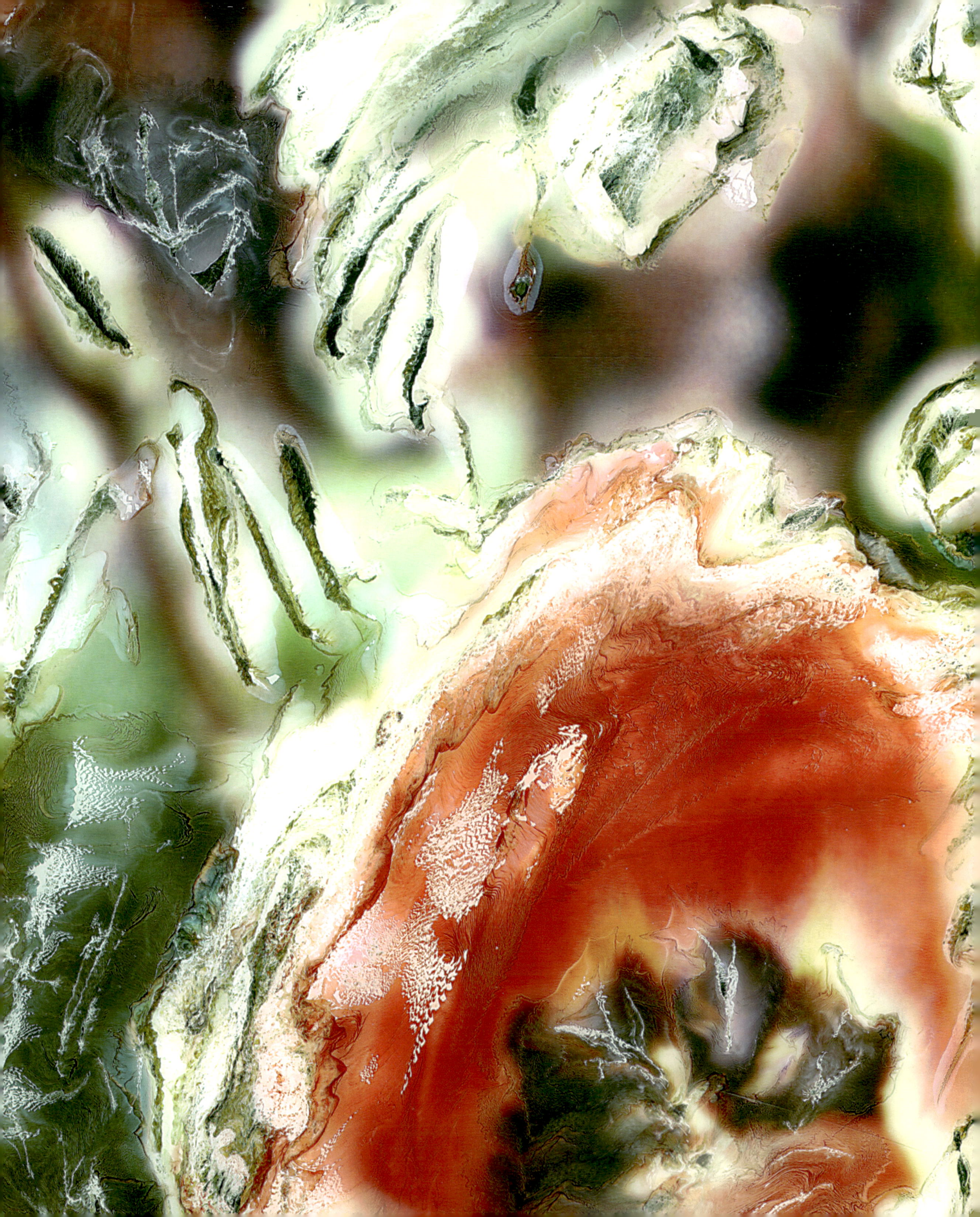

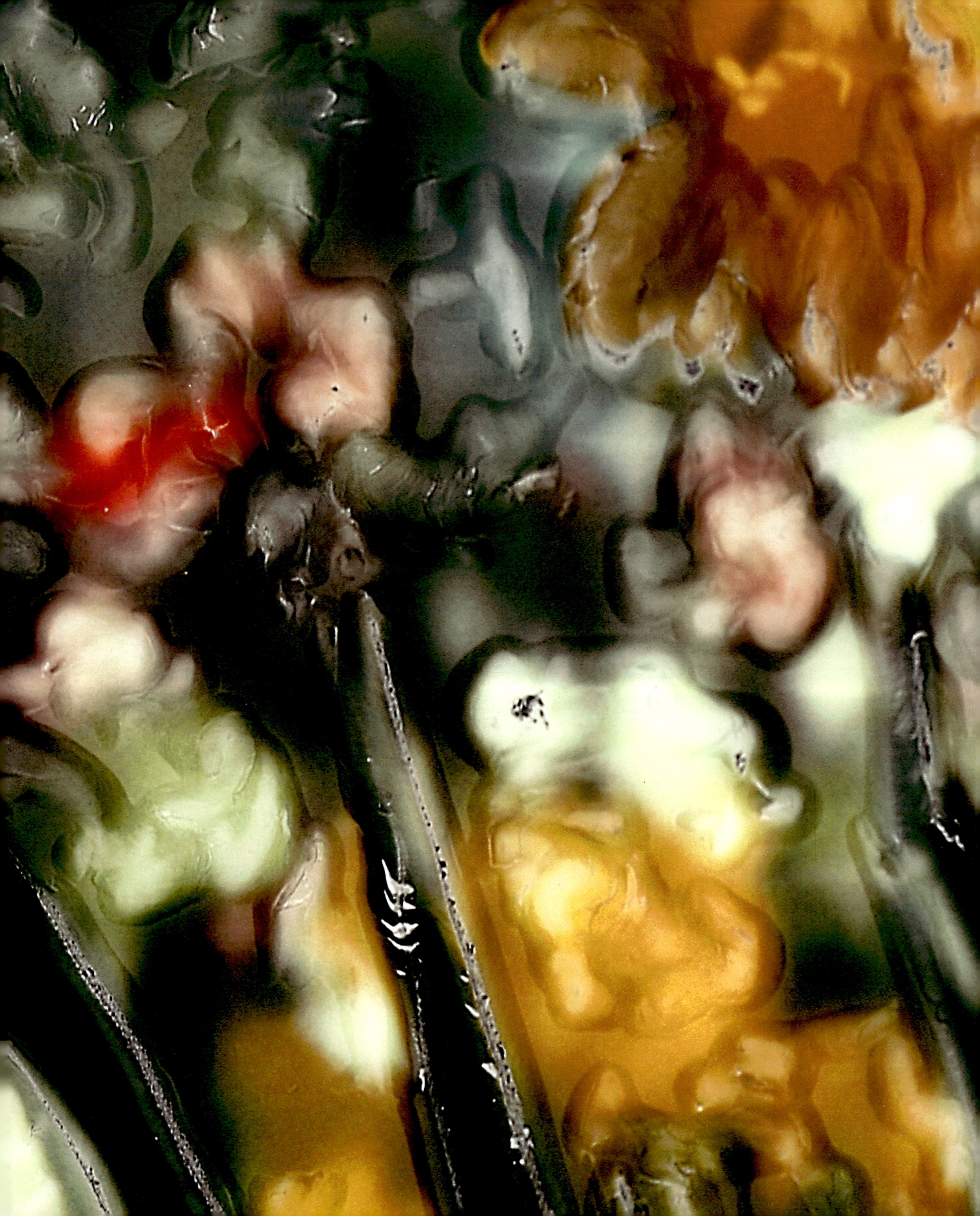

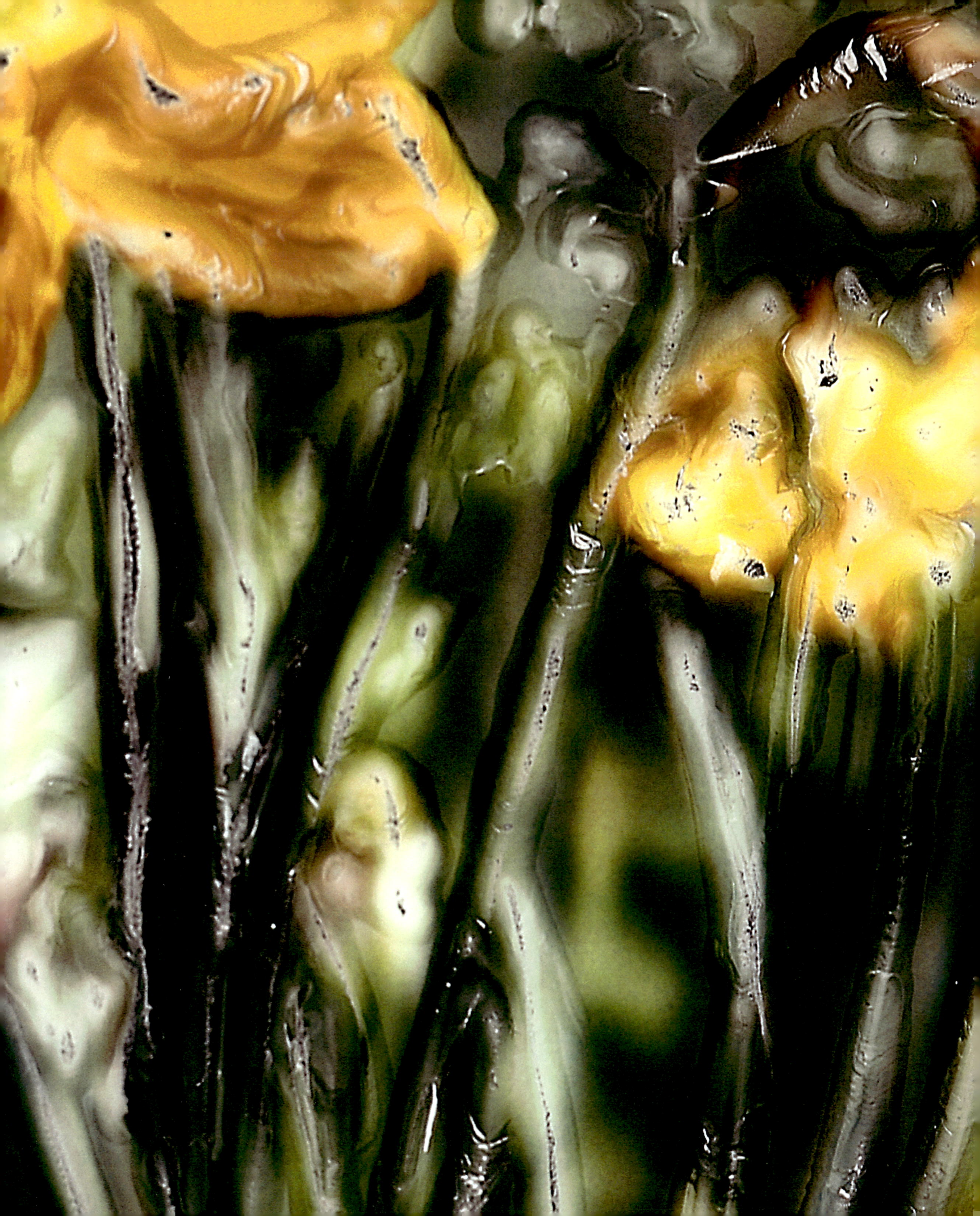

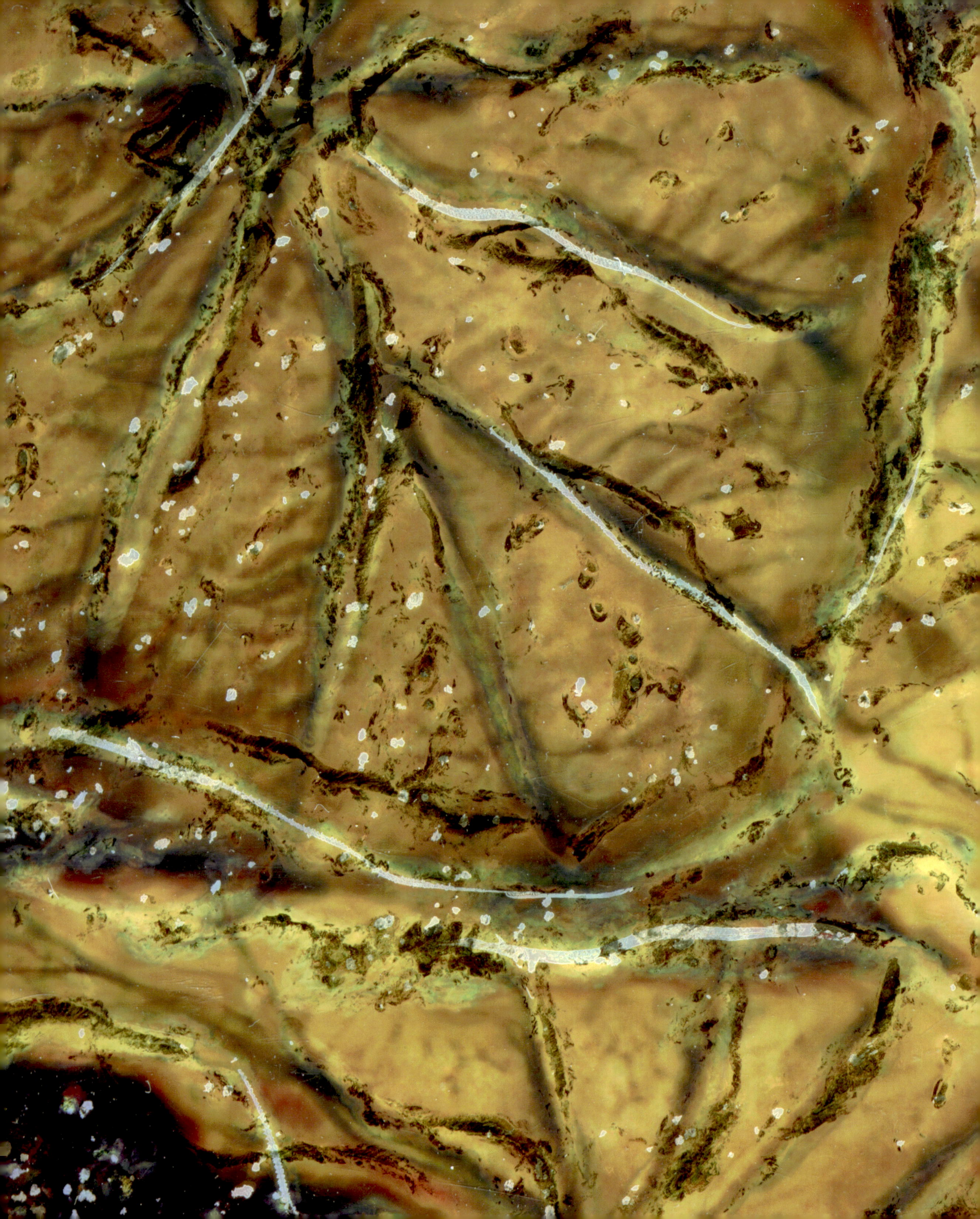

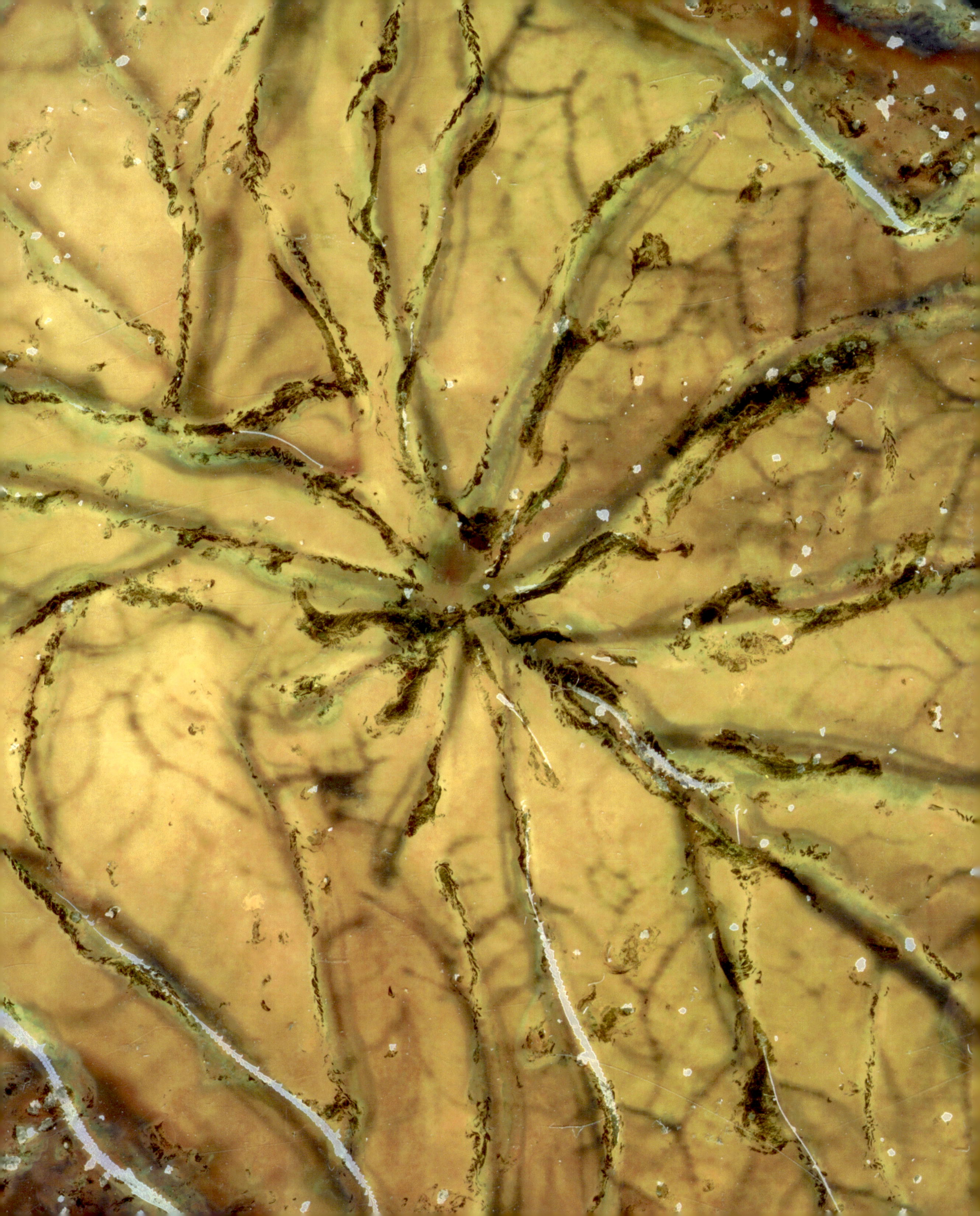

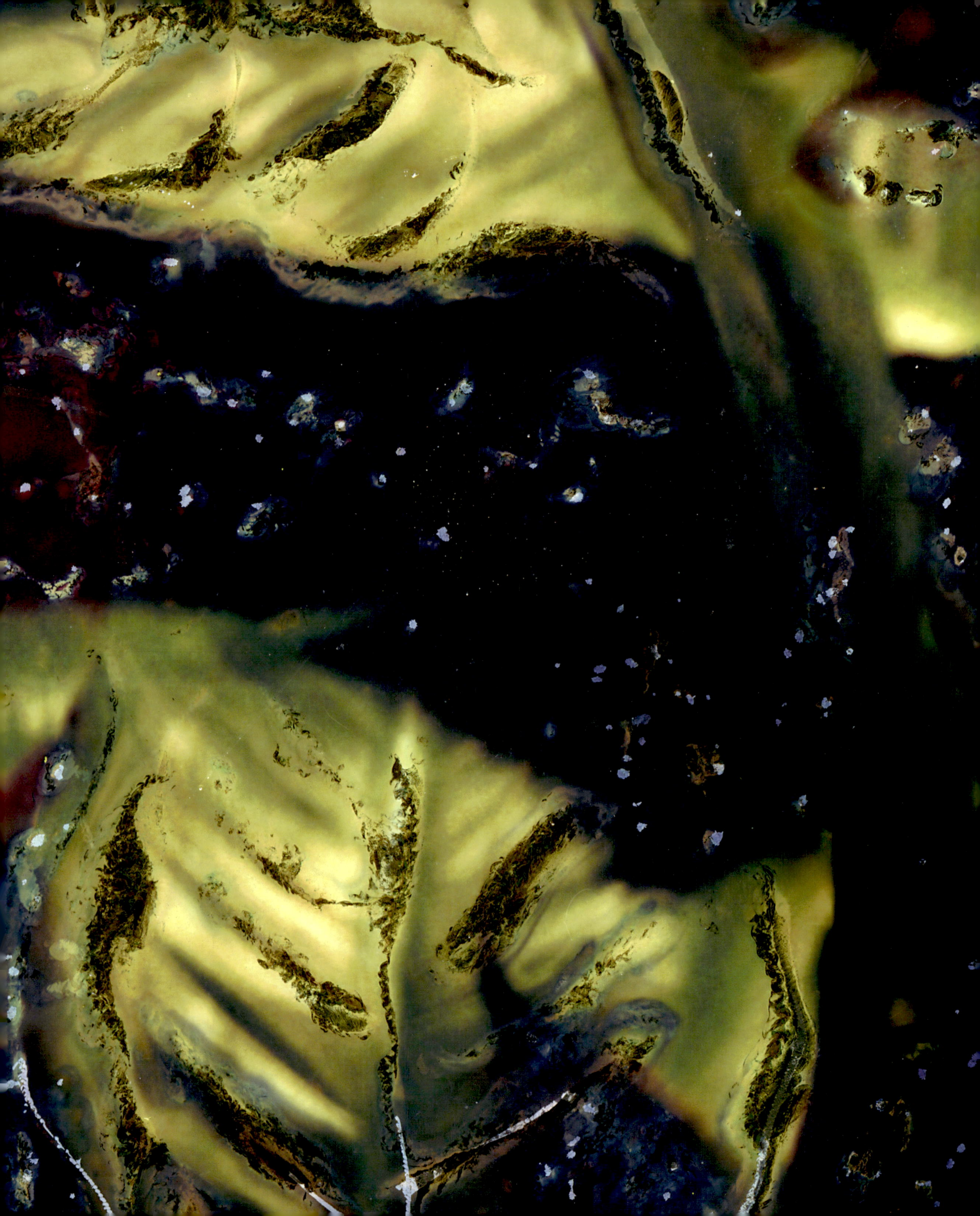

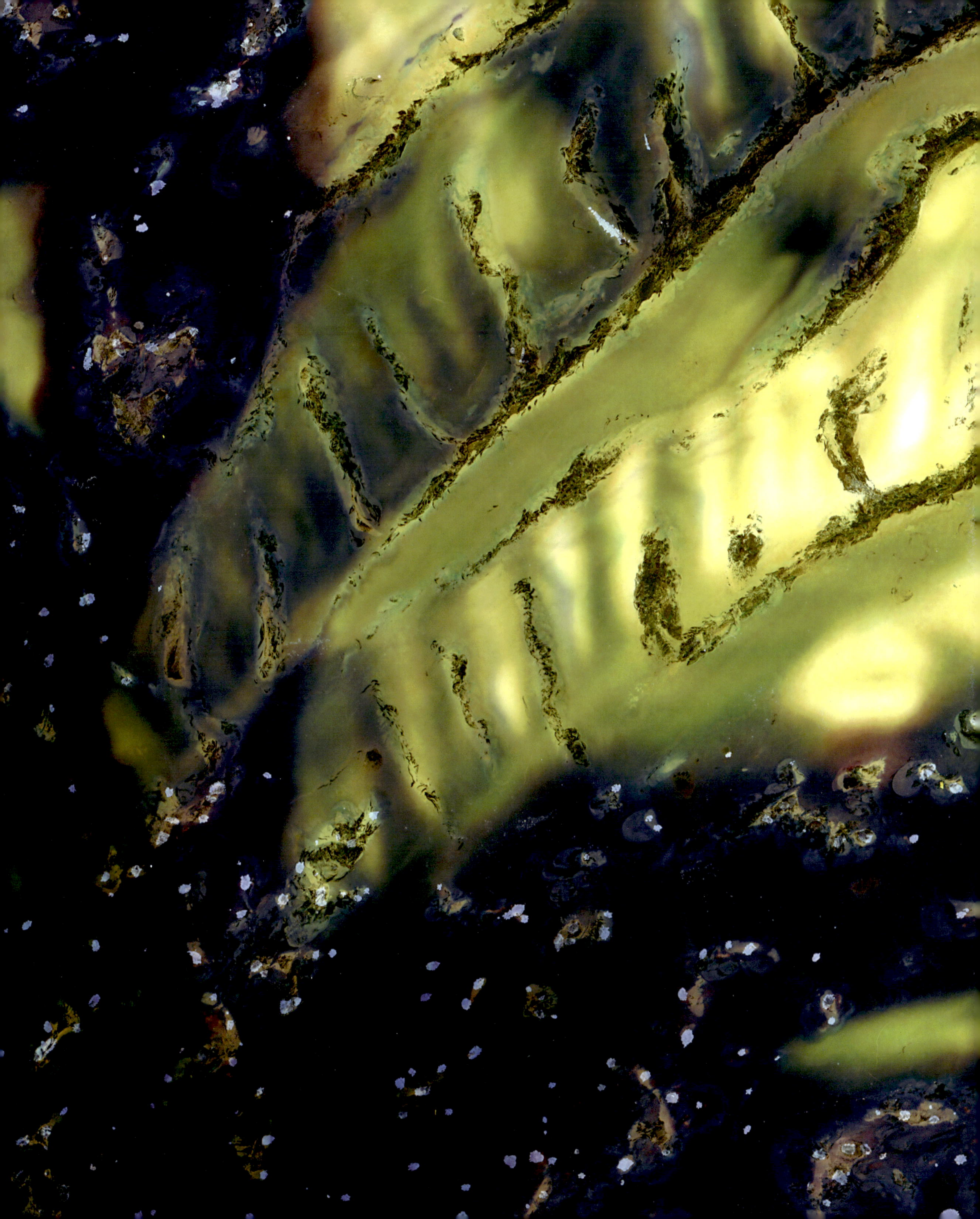

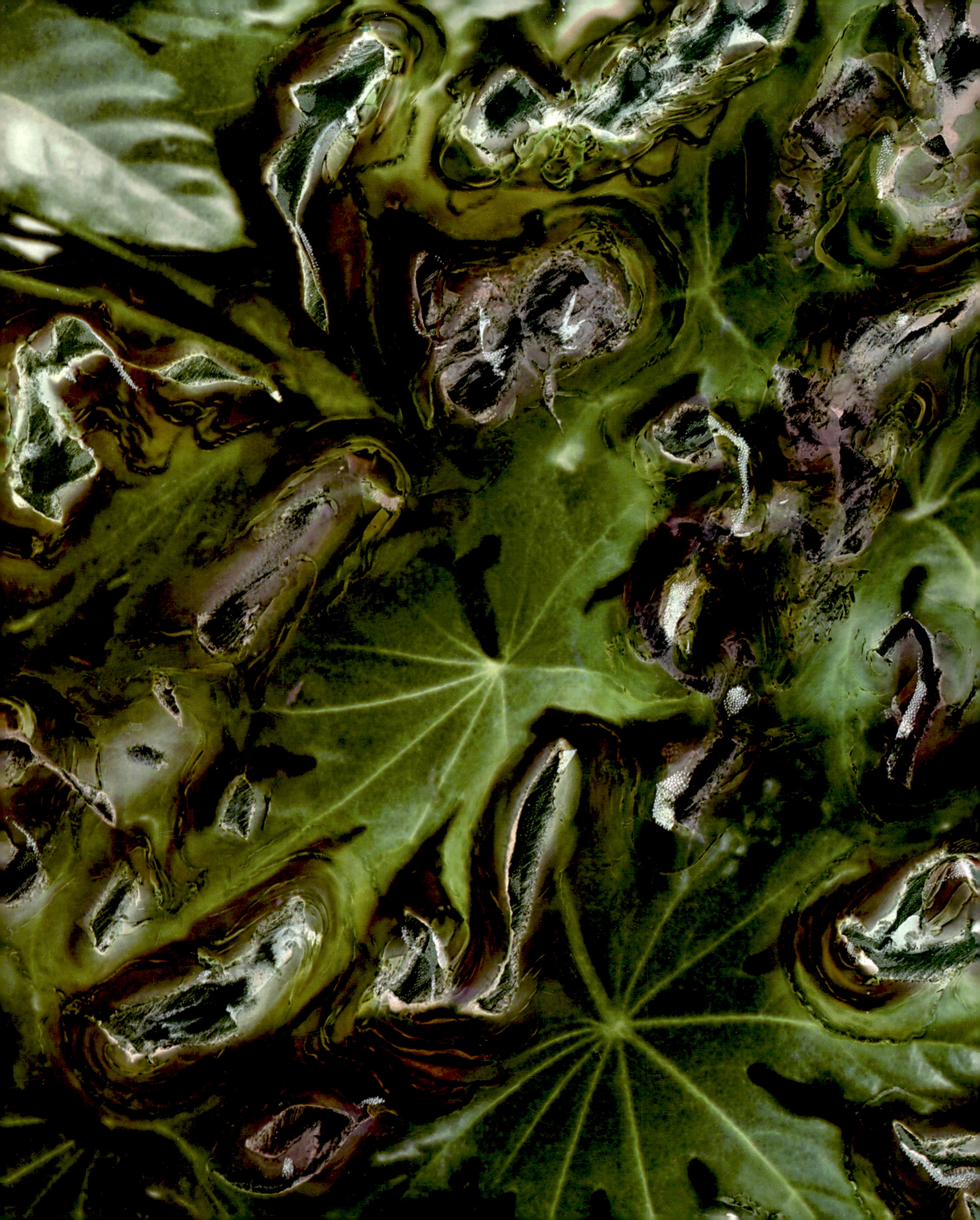

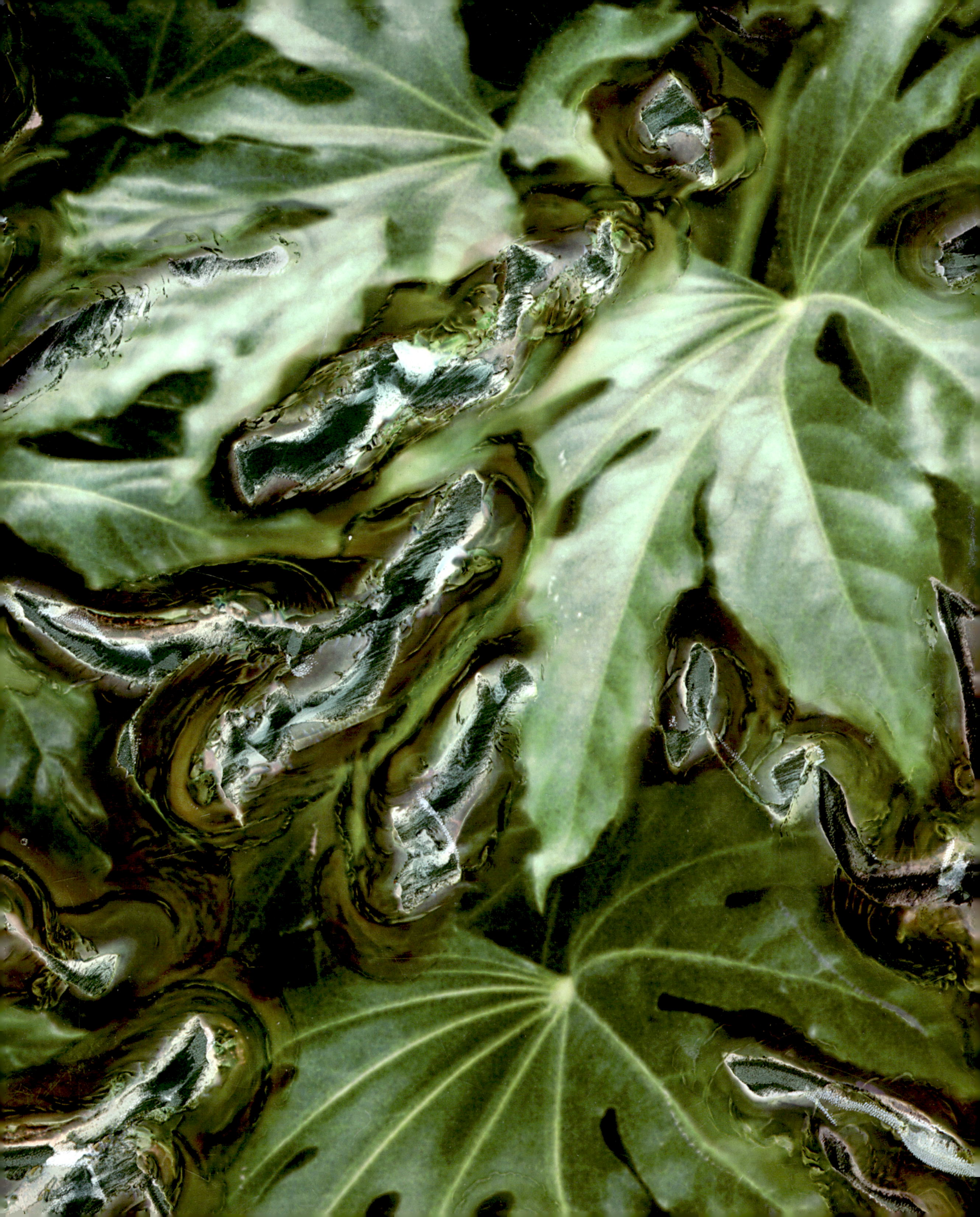

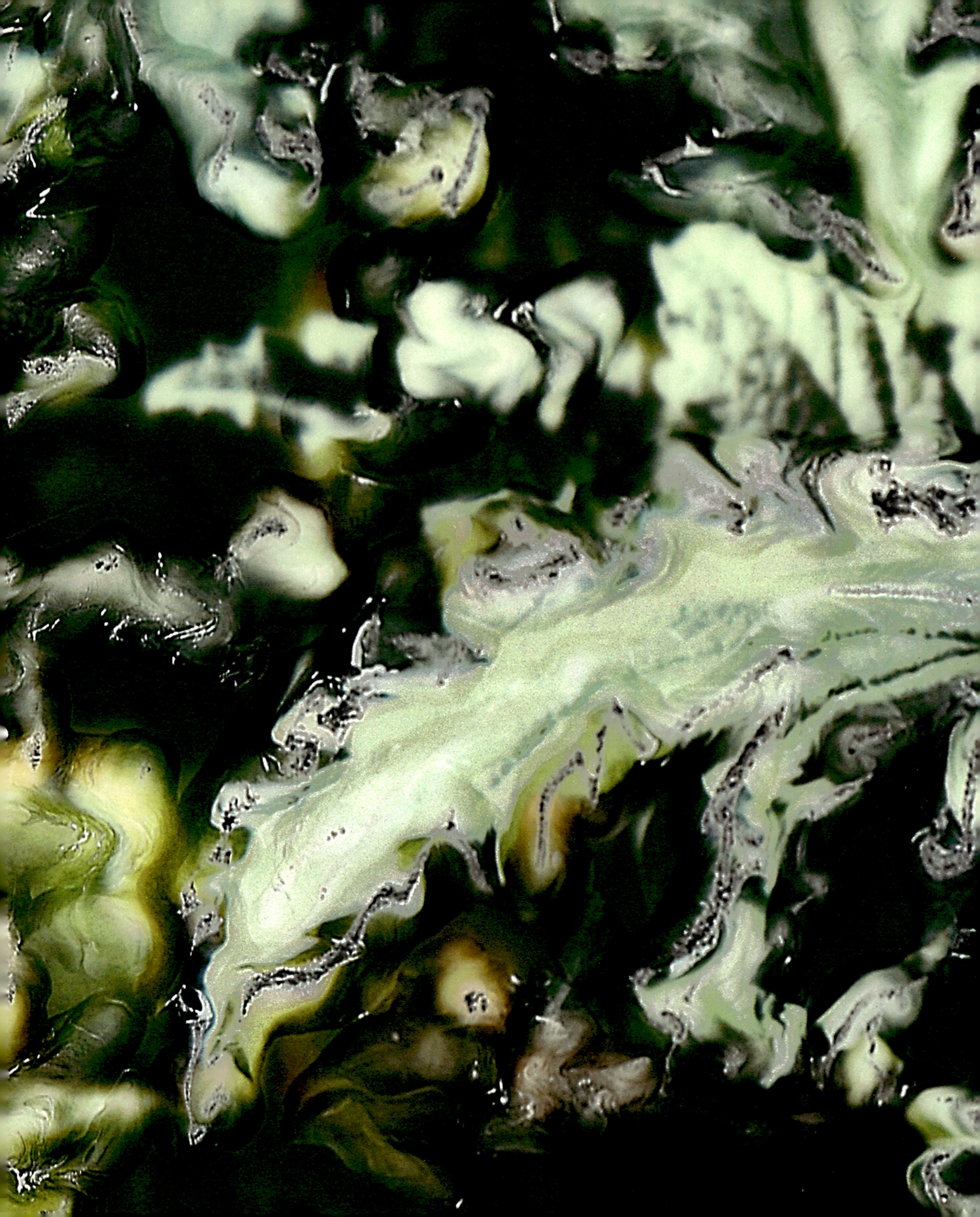

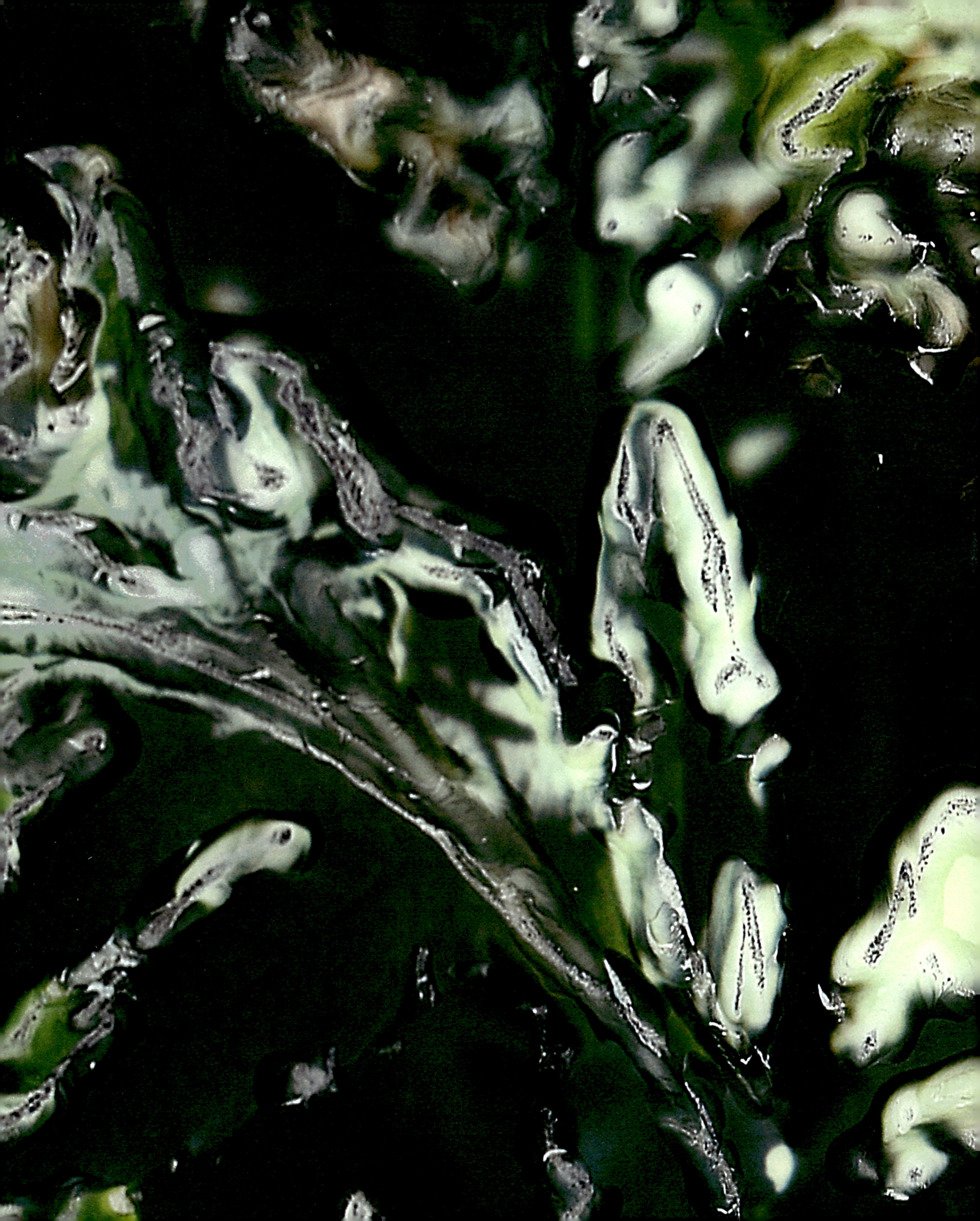

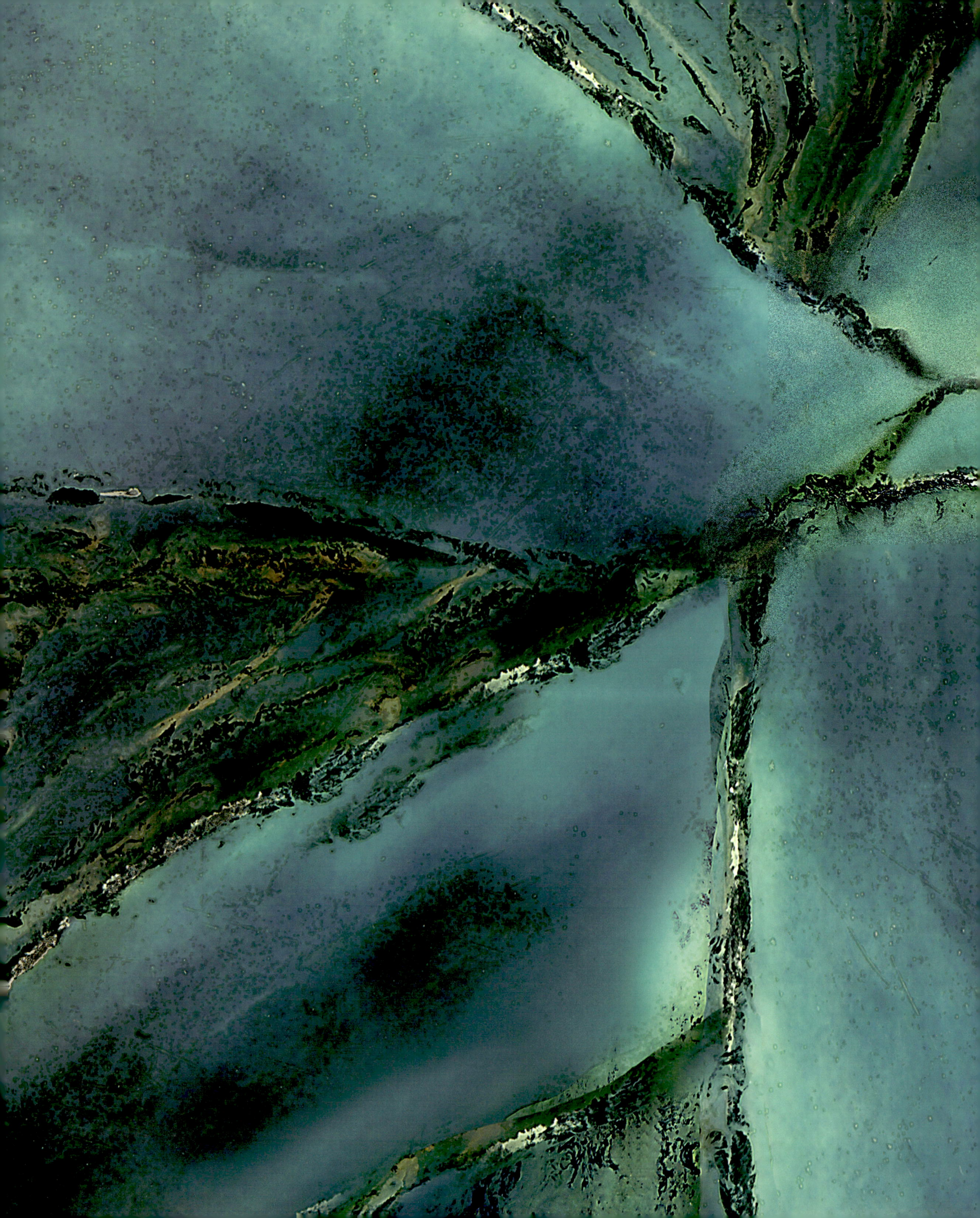

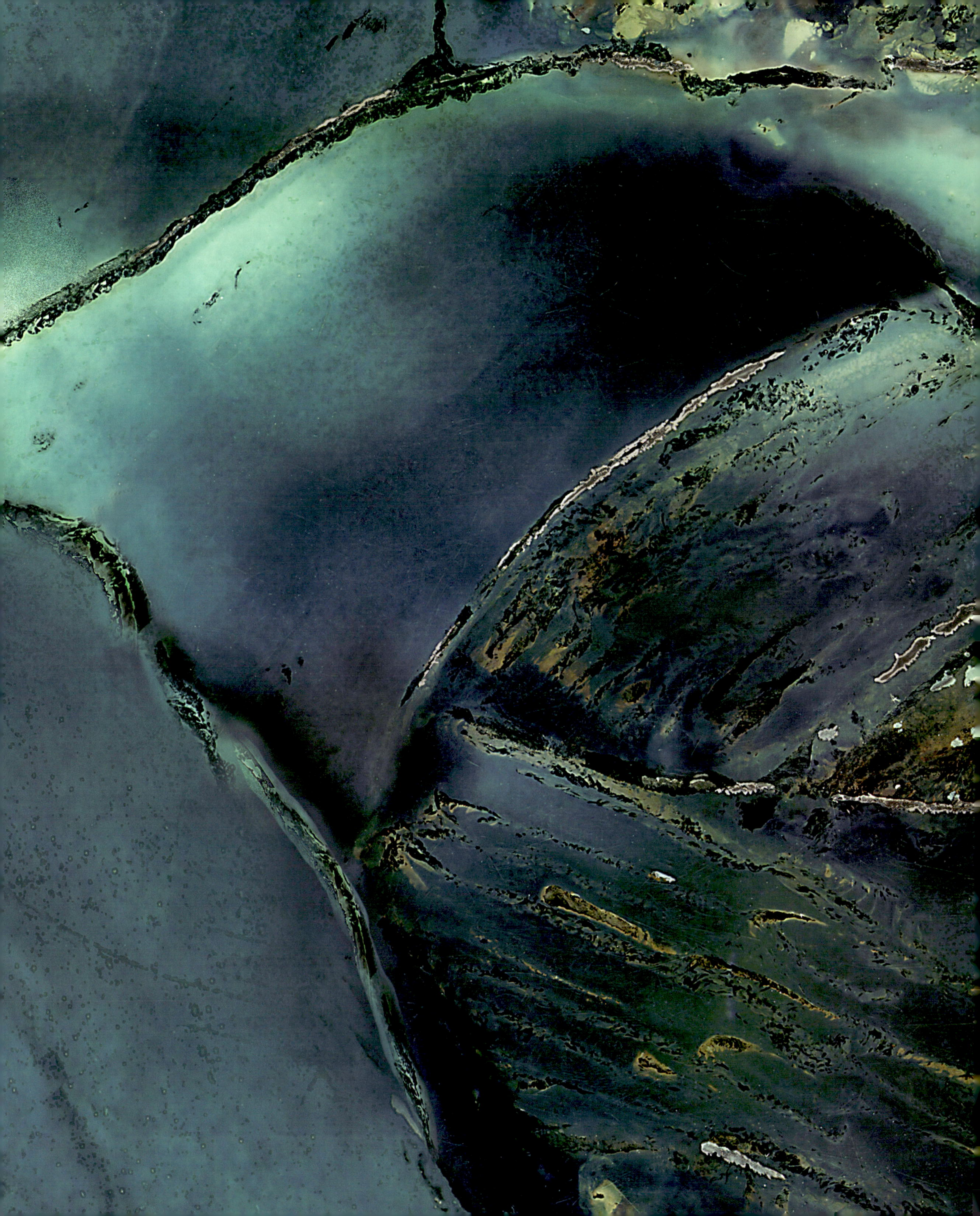

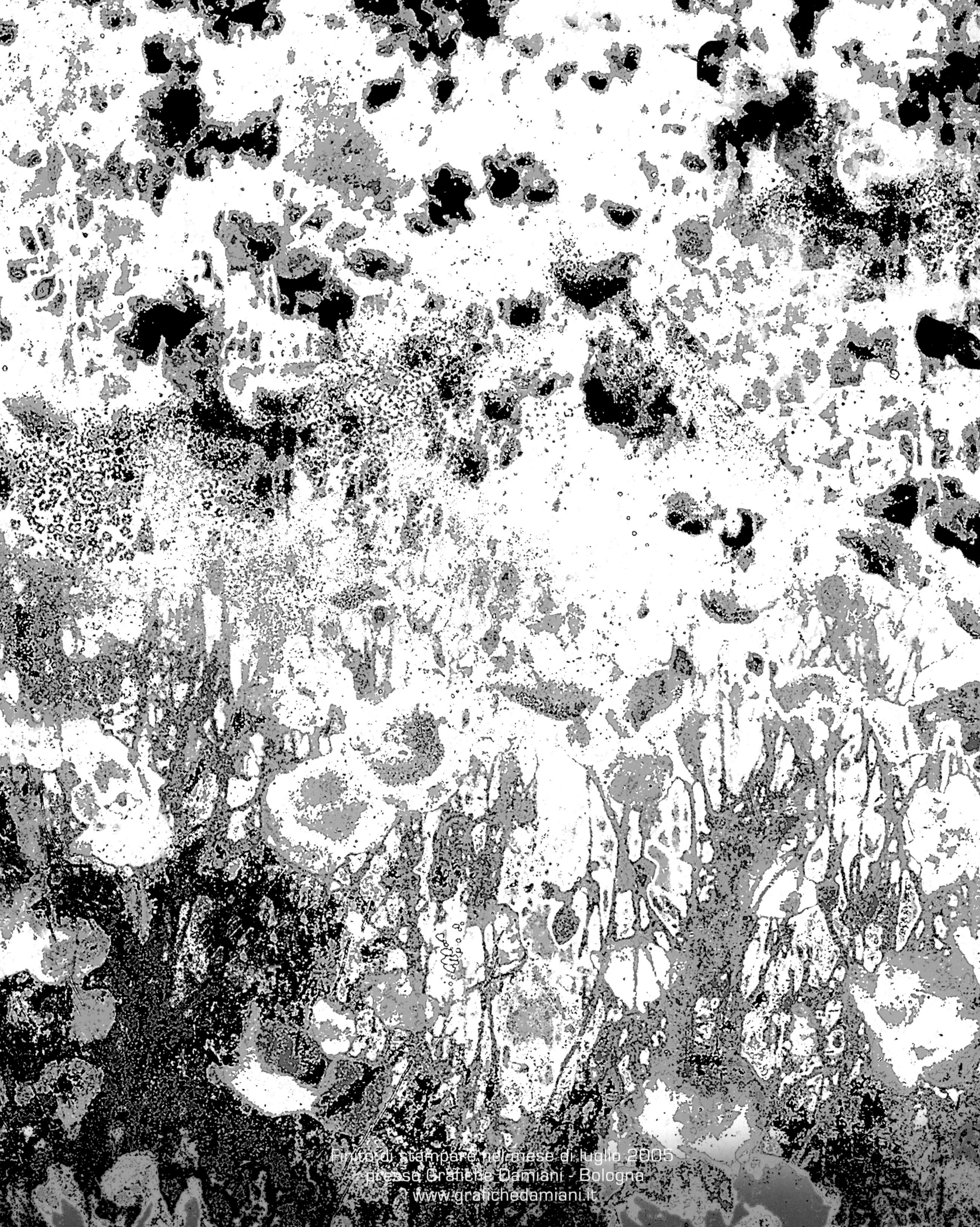

Finito di stampare nel mese di luglio 2005
presso Grafiche Damiani - Bologna
www.grafichedamiani.it